부동산경매 절대법칙

부동산경매
절대법칙

이성용 지음

무한

프롤로그

지금까지 《경매의 신》, 《월세의 신》, 《부동산의 신》, 《경매 신의 한 수》까지 총 4권의 책을 써오면서 사실 좀 지치기도 했지만, 꾸준히 경매현장에 있으면서 새롭게 그리고 절실하게 느낀 점과 깨달은 점들이 많이 생겼다. 그중에서도 경매투자 시 알아두면 돈이 되는 핵심내용만 '콕콕' 짚어 글을 쓰기로 결심했다. 경매 초보자분들은 물론, 과거 저자의 책을 이미 읽고 어느 정도 학습이 된 분들께도 도움이 되도록 정리하였다.

서점에 빽빽이 자리를 차지하고 있는 경매서들의 제목을 보면 내 집 사기도 심지어 빌딩 사기도 참 쉬워 보인다. 하지만 책을 펼쳐 보면 열에 아홉은 자신이 운영하고 있는 학원 또는 사이트 영업을 위한 허풍이거나, 이론가가 실무전문가의 판례들로 간접 학습하여 허울 좋게 흉내만 내고 있다.

이론만 전문가가 쓴 책은 위험하다. 이론과 실무는 정말 다르기 때문이다. 법률적 이론을 기초하고 그 진리가 결국 하나이더라도, 그 과정이 달라질 수 있다. 반대로 실무밖에 모르는 사람이 쓴 책도 위험하다. 뿌리가 없어 독자가 그 내용을 잘 소화하여 응용하는 것이 불가능하며, 아주 좁은 시야로 앞뒤, 옆도 모르고 나아가게 되기 때문이다. 결국 이론과 실무를 모두 심도 있게 접한 자의 책이 단돈 만 원일지라도 매우 중요하다는 이야기다. 그 만 원이 내가 가진 몇 천, 몇 억을 배팅하게 할 수 있지 않은가. 그렇다고 해서 이 책을 쓴 필자가 대한민국 최고의 이론과 실무를 접한 사람이라는 이야기는 아니다.

다만 독자분이 그 어디를 가서 경매 이야기를 하거나 실전투자를 한다고 하더라도 이 책의 한 쪽 한 쪽이 그대로 기억으로 되살아나 도움이 될 것이라고 굳게 믿고, 또 그 보람을 용기로 하여 다섯 번째로《부동산경매 절대법칙》이라는 책을 썼다.

- 이성용

목차

목차

제1법칙

감정가는 시세가 아니다

부동산경매 감정평가금액과 실제 매매거래를 위한
시세는 크게 다른 경우가 허다하다.
감정평가금액은 입찰할 때가 아니라,
금전(돈, 채권)을 산정할 때 매우 중요해진다.

경매에 대한 공부를 조금도 하지 않고 뛰어드는 무지한 투자자는 물론, 학원에서 배웠지만 실전 경험이 없는 초보투자자조차 감정평가금액을 기준으로 경매에 입찰하는 사례를 수도 없이 본다. 혹시나 하면 역시나! 잘못된 낙찰가 산정으로 인해 입찰보증금까지 몰수당할 각오로 잔금납부를 하지 않고 뼈아픈 고통을 새기는 경우도 있다.

왜 학원에서 교수(사실 교수라는 타이틀과 명함을 쓰면 안 된다. 학원에서 학생을 가르치니 강사라고 해야 맞다.)라고 불리는 강사에게 돈을 지불하며 배운 투자자분들이 왜 이런 실수를 하게 되는 걸까? 그곳에서 가르치는 강사들이 법률을 전공하여 이론은 빈지르르하게 들먹

이지만 경매에 대한 실전 경험이 없기 때문이다. 예를 들면

"감정가 대비 80%에 낙찰받으면 이상적인 겁니다."

이런 X 같은 소리가 꼭 사고를 치게 만든다. 이제 제대로 알아보자. '감정평가금액'은 '시세'와 다르다. 감정평가금액은

1. 부동산을 경매로 매각하기 위해 감정평가사가 객관적 가치평가 기준으로 경매 첫 매각금액의 기준으로 잡고,
2. 경매를 신청한 채권자가 해당 부동산 경매 시 낙찰 금액으로 배당을 통해 채권 회수가 가능한지 여부 등을 미리 파악하기 위한 것이다.

물론 더 많은 객관적 이유들이 있다. 결국 우리에게 중요한 것은 감정평가금액이 아니라 현장을 통해 실제 거래 가능한 혹은 거래되고 있는 통상적인 금액이다. 더 쉽게 말해 경매를 하려면 '감정평가금액'만 믿고 있지 말고, 현장 답사 후 근처 중개업소에 가서 '시세'를 파악해야 한다. 그리고 자신이 조사한 것을 기준으로 입찰가를 산정해야 한다.

어떤 분들은 입찰하기 위하여 과거 감정평가금액 대비 몇 %에 낙찰되었는지 평균을 내기도 하는데, 이는 좋은 방법이 아니다. 감정평가금액은 경매가 진행될 때마다 얼마든지 달라질 수 있고, 감정평가기관이 다르기 때문이다.

필자는 아파트, 빌라, 오피스텔 등을 입찰하는 경우 '과거 평수와 조건이 같은 물건의 낙찰금액'으로 현 입찰가를 산정하는데 중요한 자료로 쓴다. 호수마다 시세를 각각 파악해 시세 대비 몇 %에 낙찰되었는

지 계산하는 것이다. 하지만 오래전 낙찰금액의 평균금액을 산정해 입찰하면 낙찰받을 확률은 당연히 낮아진다. 또한 입찰을 준비할 당시 내가 조사하고 있는 것을 다른 사람들도 조사하고 있다는 것을 간과해서는 안 된다. 예를 들어 과거 2억에 낙찰된 사례가 있다면 남들도 이렇게 생각한다.

'다른 사람들도 과거에 2억에 낙찰된 사례를 봤을 거야. 이번에 낙찰받으려고 2억 100만 원을 적겠지. 그럼 나는 2억 200만 원을 적어야지.'

단순히 과거의 낙찰사례들 금액의 평균값을 구해 입찰하는 것은 패찰하겠다는 소리와 같다. 앞에 심리가 가장 많이 적용될 때에는 내가 입찰하고자 하는 부동산과 입찰 날짜가 많이 차이 나지 않을 때(1~2개월 전)이다. 시장 상황이 비슷할 테니까. 물론 이 안에서도 동과 방향, 동간 거리, 층, 권리관계 등을 고려해야 하기 때문에 단순하게 법칙화시킬 수 없다. 예상낙찰가 산정으로 이야기를 깊게 하려면 끝이 없기 때문에 제1법칙에서 이 내용은 이쯤에서 생략하기로 하겠다.

다시 감정평가금액과 관련된 이야기로 돌아가보자. 필자의 말이 틀리지 않았음을 증명해주는 다음 데이터가 있다.

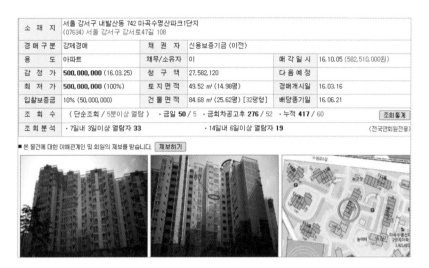

소 재 지	서울 강서구 내발산동 742 마곡수명산파크1단지 (07634) 서울 강서구 강서로47길 108				
경매구분	강제경매	채 권 자	신용보증기금 (이전)		
용 도	아파트	채무/소유자	이	매 각 일 시	16.10.05 (582,510,000원)
감 정 가	**500,000,000** (16.03.25)	청 구 액	27,582,120	다 음 예 정	
최 저 가	**500,000,000** (100%)	토 지 면 적	49.52 ㎡ (14.98평)	경매개시일	16.03.16
입찰보증금	10% (50,000,000)	건 물 면 적	84.68 ㎡ (25.62평) [32평형]	배당종기일	16.06.21
조 회 수	(단순조회 / 5분이상 열람) ·금일 **50** / 5 ·금회차공고후 **276** / 52 ·누적 **417** / 60				조회통계
조 회 분 석	·7일내 3일이상 열람자 **33** · 14일내 6일이상 열람자 **19**				(전국연회원전용)

■ 본 물건에 대한 이해관계인 및 회원의 제보를 받습니다. 제보하기

출처: 지지옥션

서울 강서구 내발산동에 위치한 한 아파트의 감정평가금액은 5억 원이었다. 하지만 낙찰가는? 5억 8250만 원이다.

'뭐지? 혹시 이 사람 혼자 실수한 거 아닐까?'

천 만의 말씀 만만의 콩떡이다.

매수인	오 ███외1
응찰수	32명
매각가	582,510,000 (116.50%)
2위	572,312,340 (114.46%)
3위	571,099,000 (114.22%)
4위	565,600,000 (113.12%)
5위	556,300,000 (111.26%)

순위 밖에 밀려난 5위 금액도 감정가를 훌쩍 넘어 있다. 이 말은 모두 감정평가금액을 무시하고 시세 대비 입찰을 했다는 뜻이다. 그리고 총 32명의 입찰자 중에서 예상컨대 15위 밖에 분들은 모두 감정가 대비 80% 금액에서 입찰했을 것이다.

그렇다면 감정평가금액은 어디에 어떻게 사용하는 것이 좋을까? 경매투자를 하면서 감정평가금액이 절실히 중요해질 때가 있다. 바로 내가 상대에게 돈을 받아야 하는 입장에 있을 때이다. 해당 부동산에 대한 감정평가금액 대비 받을 금액이 산정되기 때문에 감정평가금액이 높으면 높을수록 좋고, 낮으면 낮을수록 불리해진다.

예를 들어 甲의 토지 위에 甲의 건물이 있다. 하지만 부동산이라는 것은 토지와 건물이 별개의 독립된 부동산인 동시에 자산이기 때문에 토지 또는 건물만 경매로 얼마든지 진행할 수 있다. 만약 甲의 토지가 경매로 진행되어 토지만 경매로 낙찰받았다.

('법정지상권'이라는 권리분석을 해서 토지 위에 건물소유자가 토지를 사용할 수 있는 권한이 있는지 없는지 따져보아야 하지만, 현 내용에서 중요하지 않기에 뒤로 하고 보면) 건물소유자 甲은 새로운 낙찰자인 나에게 지료(地料)를 내야 한다. 땅을 사용하는 값을 내야 한다. 이때 토지소유자는 최대한 지료를 많이 받아 보유기간 동안의 임대수익을 최대한 높이고자 할 것이고, 건물소유자 甲은 최대한 낮추고자 할 것이다. 협의가 안 될 가능성이 높다.

이때 지료청구소송을 하면 서로 양보를 통해 결정을 낼 수 있도록 하는 조정위원회가 열릴 수도 있지만, 이 또한 안 된다면 재판부에서는 해당 토지에 대한 감정평가를 할 감정평가사를 위탁하고 감정평가금액을 대비한 %로 지료를 결정한다. 그럼 감정평가금액이 당연히 높은 것이 토지소유자 입장에서는 반가울 것이다. 그래서 앞서 필자가 감정평가금액은 입찰할 때가 아니라, 금전(돈, 채권)을 산정할 때 매우 중요하다고 주장한 것이다.

(제2법칙)

경매 입찰에 대한 이해와 결론

경매입찰자의 약 90% 이상은 아파트 경매, 그중 대다수가 아파트 단타를 목적으로 한다. 아파트와 같은 인기 경매물건의 특징은 일반 물건(권리적/물리적으로 어떠한 하자가 누가 보아도 없는 깔끔한 상태의 물건)이라는 점이다. 이러한 물건에 대다수가 단타를 목적으로 하기 때문에 급매가보다도 낮은 금액에 입찰을 하기 위해 우르르~ 몰려들게 된다. 그래서 많게는 50명의 입찰자도 내 눈앞에서 보게 된다. 하지만 그 많은 입찰자 중에서 결국 낙찰받는 것은 실수요 목적을 가지고 있는 소수 고가입찰자들이다. 이들이 1~3위 경쟁을 하며 경매물건의 주인이 되는 것이다.

그러다보니 많은 초보 경매투자자들이 '이제 경매시장 재미없어', '이렇게 낙찰가가 높은데 경매를 해야 할 이유가 없지. 경매시장도 끝났네'라며 몇 개월 간 학원에서 경매를 공부한 시간과 노력을 버리고 떠나게 된다. 그 입장도 당연히 이해는 간다. 제한되어 있는 지식과 경험 안에서 그런 생각이 드는 건 어쩌면 너무나도 당연한 것이다.

이 책을 읽고 있는 독자분들은 어떤가? 그래도 낙찰받겠다며 더 고가로 입찰을 하겠는가? 만약 그렇다면 슬픈 현실에 놓일 수 있다. 실수요를 목적으로 한 가격이기 때문에 낙찰받고, 점유자를 내보내기 위한 '스트레스 + 명도 비용 + 시간'을 쓴 것 대비 도저히 재양도를 통해 양도수익을 낼 수 없는 상황에 처할 것이기 때문이다.

90%의 경매투자자들이 겪는 현실을 사진으로 보자.

소 재 지	경기 김포시 운양동 1301-1 한강신도시롯데캐슬 ■■■ ■■ ■■■				
	(10073) 경기 김포시 김포한강11로 275				
경매구분	임의경매	채 권 자	㈜ 국민은행		
용 도	아파트	채무/소유자	최■■	매 각 일 시	16.10.13 (512,600,000원)
감 정 가	510,000,000 (16.04.12)	청 구 액	283,444,592	다 음 예 정	
최 저 가	357,000,000 (70%)	토 지 면 적	73.24 m² (22.16평)	경매개시일	16.03.29
입찰보증금	10% (35,700,000)	건 물 면 적	122.73 m² (37.13평) [48평형]	배당종기일	16.06.08
조 회 수	(단순조회 / 5분이상 열람) · 금일 30 / 3 · 금회차공고후 140 / 34 · 누적 447 / 76				조회통계

매수인	전●●
응찰수	26명
매각가	512,600,000 (100.51%)
2위	494,999,000 (97.06%)
3위	489,758,900 (96.03%)
4위	489,330,000 (95.95%)
5위	484,800,000 (95.06%)

사진을 보면 감정평가금액 5억 1000만 원의 김포시 아파트 물건이 1회 유찰(저감)되어 최저입찰가능금액이 3억 5700만 원이 되었다. 그 결과 입찰 진행된 결과가 어떤가? 26명이 응찰을 하였고 1등의 입찰가는 감정가를 이미 훌쩍 넘어섰다. 물론 감정가는 시세가 아니다. 경쟁률이 굉장하다는 것을 시사하고자 낙찰가와 감정가와의 차이를 언급한 것이니 오해하지 않기를 바란다.

계약년월	계약일	거래금액	면적-m²	m²당 금액	층	전체 ⌄
2016.05	1~10	500,000,000	122.73(37평)	4,073,984	21	매매
2016.04	21~30	490,000,000	122.73(37평)	3,992,504	3	매매
2016.04	11~20	515,000,000	122.73(37평)	4,196,203	9	매매
2016.04	1~10	502,310,000	122.73(37평)	4,092,805	27	매매
2016.02	1~10	501,000,000	122.73(37평)	4,082,132	19	매매
2016.01	21~31	489,000,000	122.73(37평)	3,984,356	9	매매
2016.01	1~10	485,000,000	122.73(37평)	3,951,764	10	매매
2015.08	21~31	512,500,000	122.73(37평)	4,175,833	16	매매
2015.06		514,000,000	122.73(37평)	4,188,055	17	매매

실거래가

해당 아파트의 실거래가를 보자. 가장 높은 가격에 거래된 금액이 5억 1500만 원이고, 그 밑으로는 5억 1400만 원이 있다. 해당 물건은 권리상 하자가 전혀 없고, 로얄층에 남향 물건이다. 그렇다면 5억 1500만 원이 시세라는 전제하에 1등 낙찰자는 얼마나 낮게 해당 물건을 매수한 것인가? 5억 1300만 원에 낙찰받았으니 딱 300만 원 싸게 낙찰받은 것이다. 이러한 실정 때문에 많은 일반 투자자들이 떠나고 있는 것이다.

하지만 몇 번 입찰에 실패하고 '경매는 나와 안 맞아!' 할 것이 아니라, 입찰할 때 다음 4가지를 명심하면 많은 도움이 될 것이다.

〈입찰 시 명심해야 할 4가지〉
  1. 네 번 중 한 번 낙찰받는다는 생각으로 입찰하기
  2. 법원 분위기에 들떠 계획한 금액보다 더 쓰지 말기
  3. 지금 당장 투자를 통한 양도(자본)수익이나, 임대수익 욕심이 난
     다고 할지라도 제대로 된 선생에게 제대로 배워서 조금 특수한 물
     건 다루기
  4. 내가 갈고 닦은 분야의 물건에만 지속적으로 입찰하기

물론 절대적인 것이 아니라, 필자의 투자지론이라 생각하면 되겠다.

1. 네 번 중 한 번 낙찰받는다는 생각으로 입찰하기

낙찰 자체를 위한 고가 낙찰도 좋지 않고, 시장 상황을 고려하지 않고 내 욕심대로만 입찰하는 것도 의미가 없기 때문에 그 조율점을 찾아 자기만의 페이스를 유지하는 것이 좋다.

2. 법원 분위기에 들떠 계획한 금액보다 더 쓰지 말기

많은 경매컨설팅회사가 현장에 사람들이 북적북적하면 이번 물건은 응찰자가 많으니까 계획하고 온 금액보다 조금 더 높게 적으라고 한다. 이게 얼마나 터무니없는 개소리인가. 하루에 진행되는 경매 물건은 100건이 넘는다. 그 100건 중에 특정 물건으로 인해 몇 십 명이 더 온 것일 수도 있고, 학원에서 단체로 현장을 체험하기 위해 모의입찰을 하러 온 수강생들일 수도 있다. 내가 입찰할 물건과 현장에 온 사람들의 수가 관계가 있을 확률이 그리 높지 않다는 것이다. 따라서 소신껏, 어젯밤 잠들기 전까지 생각했던 그 금액대로 뚝심 있게 나갔으면 좋겠다.

3. 지금 당장 투자를 통한 양도(자본)수익이나, 임대수익 욕심이 난다고 할지라도 제대로 된 선생에게 제대로 배워서 조금 특수한 물건 다루기

공부를 더 해서 특수물건을 좀 입찰하라는 뜻이다. 저자 또한 일반 물건에 손대지 않은지가 벌써 5년이 훌쩍 넘었다. 그래서 강사를 잘 만나라는 이야기를 하는 것이다.

많은 강사들이 학원에서 교수 명함으로 강의를 하지만, 실무에 대한 경험은 전혀 없는 젬병이인 경우가 너무나 많다. 이론적으로 법률 공부는 열심히 해서 유치권, 법정지상권, 지분경매, 토지별도등기, 분묘기지권, 선순위임차인, 선순위가등기, 선순위가처분 등 판례까지 배운 것 같지만 결과는? 많은 학생들이 실전 앞에 무너지고 만다. 실제 특수물건을 다루어 보고 수익을 내 본 강사에게 배우면, 일반 물건보다 경쟁률이 낮으므로 낙찰가도 낮아 안전하게 2배 수익을 낼 수 있다.

4. 내가 갈고 닦은 분야와 내용의 물건에만 지속적으로 입찰하기

장기적으로 대단히 중요한 방식이다. 경매 고수는 자신이 송곳처럼 날카롭게 갈고 닦아 특정 케이스에만 입찰한다. 그게 가능하냐고? 마치 낚시와 같다. 낚시를 해본 사람은 알 것이다. 특정 포인트에서 오늘 우럭이나 광어를 잡았다고 해서 내일 다시 그 포인트에서 우럭이나 광어가 안 잡히는 것이 아니다. 그 자리에 또 같은 물고기가 와서 대기하고 있는 것과 같다.

한 분야를 갈고 닦아야 한다. 필자는 가수 윤도현을 참 좋아한다. 과거도 락을 했지만 지금도 락만을 고집하며 뚝심 있게 나아간다. 지금 윤도현의 노래는 대가 수준이다. 만약 윤도현이 락을 하다가 발라드도 하다가 힙합도 기웃거리다가 했다면? 지금의 농익은 윤도현이 되지 못했을 것이다.

세상은 똑같다. 한 분야에서 또 세분화하여 나에게 가장 잘 맞는 것을 계속 파고들어야 한다. 어차피 우리는 수익이 목적이지 다채로운 투자 풍경 자체가 목적은 아니기 때문이다.

（제3법칙）

쉽고 빠른
기초권리분석

자신에게 맞는 경매물건을 주어진 시간 안에 빠르고 정확하게 선별할 수 있는 능력은 매우 중요하다. 우리가 상상하는 것 이상으로 수많은 경매물건이 나오고 거래되고 있다.

그중 가장 탁월한 선택을 하기 위해서라도 시간 안에 많은 물건을 서치하는 능력은 충분히 강조할 만하다. 여기에서 필요한 것이 '1차 권리분석 능력'일 것이다.

경매물건을 검색할 때 가격과 위치, 자신의 계획에 맞는 물건인지 따져보는 것도 중요하지만, 타깃을 정한 뒤 여기에 부합해 보이는 물건이 보일 때마다 옥과 석의 가능성을 얼마나 빨리 캐치하느냐가 1차 권리분석의 관건이다. 여기서 말하는 권리분석은 공부상의 내용을 둔 권리분석인데, 이를 빠르면서도 정확하게 체크할 수 있는 공식을 소개하겠다.

〈경매물건 큰 체로 걸러내기〉

　1. 부동산 용도(예: 아파트, 빌라, 토지)

2. 면적

3. 감정평가금액

4. 최저입찰가

위 순서대로 걸러낸 후에도 관심이 지속된다면 권리분석을 시작한다.

우선적으로 해야 할 일은 당연히 '등기권리분석'이다.

경매정보사이트를 통해 물건 검색할 때는 이미 통합등기부가 짜여 있을 것이다. 그게 아니라면 직접 등기부등본을 열람한 뒤 등기부등본 상에 '갑구'와 '을구' 목차를 살펴본 뒤 갑구와 을구를 무시하고 전체 권리들이 기입된 순서대로 1등, 2등, 3등 순으로 세로 배열을 한다. 이게 바로 통합등기권리분석의 시작이 된다.

그 다음 '말소기준권리'를 찾는다.

말소기준권리는 말 그대로 말소의 기준이 되는 권리라는 뜻으로, 해당 말소기준권리 기준을 포함하여 후순위의 모든 권리가 말소되는 것이 원칙이다. 그렇기 때문에 말소기준권리를 정확히 찾아내는 것은 대단히 중요하다. 분석 시 실수한다면 후순위권리로 말소되는 권리로 생각했던 권리가 낙찰 후 시퍼렇게 살아서 나의 재산을 위협할 수 있게 되는 것이다.

다음은 말소기준권리를 찾는 공식이다.

〈말소기준권리 찾는 공식〉

1. 근저당권 or 저당권

2. 가압류 or 압류

3. 담보가등기

4. 경매개시결정등기

5. 예외적으로 전부 전세권자가 배당요구 또는 경매 신청한 경우의 전세권

앞서 짜여진 통합등기부에서 위 5가지 권리 중 가장 1등으로 있는 것이 바로 말소기준권리가 되는 것이다. 다음 표를 보자.

1. 근저당권이 말소기준 권리인 경우

① 소유권이전등기	
~~② 근저당권~~	말소기준권리
~~③ 가압류~~	
~~④ 가처분~~	
~~⑤ 전세권~~	
~~⑥ 가등기~~	
~~⑦ 경매개시결정등기~~	

표를 보면 말소기준권리는 근저당권이고, 후순위 모든 권리는 말소가 된다. 하지만 마치 소유권이전등기가 말소기준권리보다 앞서 있는 것처럼 보인다. 이런 논리대로라면 낙찰자가 인수해야 하는 대상이 되는가? 아니다.

현재 소유권이전등기의 주인공은 경매 진행 대상물의 소유자이고 내

가 낙찰받아 잔금납부를 하면 소유권은 내게 이전되기 때문에 전 소유권이전등기는 당연히 말소된다. 앞의 표 내용대로라면 낙찰받은 뒤 인수해야 할 권리 없이 깨끗한 백지 상태의 등기권리증을 받아볼 수 있게 된다.

2. 가압류가 말소기준 권리인 경우

① 소유권이전등기	
② 전세권	(전부전세권자 배당요구 or 경매신청 없음)
③ 가압류	말소기준권리
④ 근저당	
⑤ 전세권	
⑥ 가등기	
⑦ 경매개시결정등기	

표를 보면 전부전세권자(소유자가 한 명인 건물(다가구)에 한 호실 전세권자는 일부전세권자, 아파트처럼 한 호수가 개별적 소유권일 때 그 호수 전세권은 전부전세권자)는 배당요구를 하지 않았고, 경매신청도 하지 않았기 때문에 말소기준권리가 되지 않는다. 따라서 전세권을 제외한 말소기준권리 대상 나머지 4개 중에서 가장 빠른 가압류가 말소기준권리가 되며, 기준권리를 포함하여 후순위 모든 권리는 말소되어 낙찰자가 인수하지 않게 된다.

하지만 문제가 있다! 전세권이 말소기준권리보다 앞서 시퍼렇게 살아있다. 이때에는 어떻게 될까? 낙찰을 받고나서 전세권자의 전세계약기간이 다 되면 전세권은 나의 부동산등기부 등본에서 말소됨과 동시에 전세금액을 반환해야 하는 상황에 놓이게 된다. 결국 '인수권리'와 그에 따른 인수금액이 생긴다. 이처럼 권리관계를 잘못 분석하여 낙찰 받았으면 5000만 원 남기려다 1억 원이 내 호주머니에서 빠져나가는 처절한 상황을 겪게 된다.

3. 담보가등기가 말소기준권리인 경우

가등기
부동산등기법 제3조에 따라 장래에 행해질 본등기에 대비해 미리 그 순위 보전을 위해 하는 예비적 등기. 이 가등기가 행해진 후 본등기가 이뤄지면 본등기의 순위는 가등기의 순위로 소급됨.

가등기는 크게 2가지로 볼 수 있다.

가등기 ┌ 소유권이전청구권가등기
　　　　│ (매매계약에 의한 가등기/ 매매예약에 의한 가등기)
　　　　└ 담보가등기

① 소유권이전청구권가등기의 예 – 순위보전 능력 有

甲의 부동산을 乙이 매매하고 싶어 한다. 乙은 현재 돈이 없지만, 장래에 매수 가능한 금액이 생길 것이다. 그래서 甲에게 부탁을 한다.

乙: 당신의 부동산이 너무 마음에 듭니다. 매매 계약서를 쓰고 먼저 가등기를 해놓은 뒤, (3개월 또는 6개월 뒤) 제가 잔금을 드렸을 때 소유권이전등기를 하고 싶습니다. 그에 따른 가등기를 요청 드려도 되나요?

甲: 가등기가 뭔가요?

乙: 약속한 날짜 안에 제가 잔금을 드리기 전에 혹시나 丙한테 팔아버려서 소유권이전등기가 되더라도 그에 앞서 제가 가등기를 해두면 순위보전의 효력이 있어 丙을 무시하고, 가등기에 의한 본등기로 제가 다시 소유권이전등기를 강제적으로 할 수 있습니다.

② 담보가등기의 예 – 순위보전 능력 有

乙이 甲에게 1억 원을 빌려주었다.

乙: 가등기해두자.(너 돈 안 갚으면 너 부동산 내가 가져갈 거야.) 돈만 갚으면 본등기 안 할게.

경매정보지상에서는 '담보가등기와 순위보전가등기'를 구분해놓지 않았기 때문에 변수가 된다. '담보가등기인 경우' 보통 은행에서 돈을 빌려주면서 해당 담보부동산에 근저당권설정한 것과 같은 권리로 보아 말소기준권리가 되어 낙찰대금에서 가등기 원인의 채권금액(빌려준 돈)을 배당받고 말소가 되지만, '선순위순위보전가등기인 경우' 말소기준권리가 되지 않고 그 아래 후순위 권리 중 말소기준권리가 결정될 것이기 때문에 낙찰 후 가등기권자가 시퍼렇게 살아 낙찰자에게 가등기에 의한 본등기행사를 한다면 나의 소유권을 강탈당하게 된다.

듣고 보니 무서운 권리이지 않은가? 그렇다면 통합등기부를 짰을 시

선순위로 말소기준권리가 될 수 있는 위치에 단순히 '가등기'라고만 적혀 있으면 순위보전가등기인지, 담보가등기인지 어떻게 구분할 수 있을까?

경매정보사이트에서 [문건접수내역]을 클릭해보자.

내역을 보면 6월 27일에 가등기권자 안○준 씨가 채권계산서를 제출했고, 하단 송달내역을 보면 6월 7일에 법원에서 가등기권자 안○준 씨에게 최고장을 발송했다. 바로 이게 담보가등기라는 결정적인 단서가 된다. 법원이 6월 7일에 가등기권자에게 보낸 최고장의 내용은 이것이다.

"야, 너 돈 받으려고 가등기 해놓은 거면 받아야 할 돈 계산해서 신고해. 순서대로 배당해줄 테니까~."

6월 27일 가등기권자 안○준 씨가 접수한 채권계산서 제출내용은 이 것이다.

"저 돈 받으려고 해놓은 거예요. 받을 돈은 1억 원입니다."

이때 가등기권자가 말소기준권리보다 후순위였다면 담보가등기이든 소유권을 강탈할 가등기이든 상관없겠지만(어차피 말소되므로), 선순 위가등기였다면 해당 권리는 말소기준권리가 되어 무조건 낙찰 후 말 소가 되는 가등기가 되는 것이다.

통합등기권리분석과 함께하는 임차인분석

등기권리분석 못지않게 중요한 것이 임차인분석이다. 주택임대차보 호법이라는 법률이 제정되면서 주택임차인이 경매낙찰자에게 대항력 이 있으면, 낙찰자는 빼도 박도 못하고 전 소유자가 계약도 한 적 없는 임차인의 임차보증금을 인수해야 하는 상황에 놓이게 된다. 1억 싸게 낙찰받으면 뭐하겠는가? 1억 5000만 원의 보증금을 인수해야 한다면? 도박하다가 재산 날리는 순간과 뭐가 그리 다르겠는가 말이다.

다음은 임차인의 대항력 유무(有/無)를 빠르게 분석할 수 있는 방법 이다.

이 뿌리만 알고 있어도 임차인의 대항력 문제는 확인할 수가 있다. 경매정보사이트에서 매각물건명세서를 보면 임차인의 전입신고일이 나와 있다. 이 전입신고일 다음 날의 날짜와 말소기준권리의 날짜를 비교하여 말소기준권리보다 대항력이 발생한 날짜가 빠르면 민사집행법상 경매낙찰자에 대한 대항력이 있는 것이고, 말소기준권리보다 날짜가 늦으면 임차인은 경매낙찰자에게 보증금을 주장할 수 없고 낙찰자에게 대상 부동산을 내줘야 한다. 이것은 법률적으로 강제집행도 할 수 있다는 이야기와 같다.

다음 예를 보자.

한 아파트가 경매로 나왔다. 기본적인 내용들을 훑어본 뒤 권리분석
을 시작한다. 먼저 통합등기부를 짜보자.

등기권리	권리자	등기일자	말소 여부	비고
근저	하하농협	2014-02-10	말소	말소기준등기
근저	김말똥	2014-02-28	말소	
근저	난영희	2014-07-31	말소	
가압	호호보증보험	2015-07-09	말소	
임의	하하농협	2015-09-04	말소	경매기입등기
가압	호호보증보험	2015-09-11	말소	

말소기준권리는 최선순위 근저당권자인 하하농협이다. 이제 임차인
의 유무를 확인하기 위해 '매각물건명세서'를 보자.

- 춘천지방법원 2015-7783 [1] 매각물건명세서 -

강원 춘천시 석사동 727-5 진흥 101동 ▨▨ ▨▨▨

사건	2015타경7783		매각물건번호	1	담임법관(사법보좌관)	
작성일자	2016.09.19		최선순위 설정일자	2014. 2. 10. 근저당		
부동산 및 감정평가액 최저매각가격의 표시	부동산표시목록 참조		배당요구종기	2015.12.07		

점유자의 성명	점유부분	정보출처 구분	점유의 권원	임대차 기간 (점유기간)	보증금	차임	전입신고일자. 사업자등록신청 일자	확정일자	배당요구 여부 (배당요구 일자)
송▨혁		현황조사	주거 임차인				2013.02.05.		
	전부	권리신고	주거 임차인	2013. 2. 17~현재 까지	95,000,000		2013. 2. 5.	2014. 11. 6.	2015.10.02

〈비고〉

※ 최선순위 설정일자보다 대항요건을 먼저 갖춘 주택,상가건물 임차인의 임차보증금은 매수인에게 인수되는 경우가 발생할 수 있고, 대항력과 우선 변제권이 있는 주택,상가건물 임차인이 배당요구를 하였으나 보증금 전액에 관하여 배당을 받지 아니한 경우에는 배당받지 못한 잔액이 매수인에게 인수되게 됨을 주의하시기 바랍니다.

※ 등기된 부동산에 관한 권리 또는 가처분으로 매각허가에 의하여 그 효력이 소멸되지 아니하는 것
해당사항 없음

※ 매각허가에 의하여 설정된 것으로 보는 지상권의 개요
해당사항 없음

※ 비고란
•매수인에게 대항할 수 있는 임차인[임대차보증금 95,000,000원,전입일자(2013. 2. 5),확정일자(2014. 11. 6)]이 배당에서 보증금이 전액 변제되지 아니하면 매수인이 인수함 •특별매각조건 : 매수신청 보증액은 최저매각가격의 20%임

　전입신고일은 2013년 2월 5일로 임차인이 자료제출과 함께 법원에 권리신고를 한 내용이 보인다. 그렇다면 말소기준권리 날짜가 어떻게 되는가? 2014년 2월 10일이다. 전입신고일이 2013년 2월 5일이라면 그 익일인 2월 6일 0시부터 대항력이 발생하므로 말소기준권리보다 우선한다. 이를 적용한 표를 보자.

등기권리	권리자	등기일자/전입	말소 여부	비고
송○혁	임차인	2014-02-05	인수	선순위임차인
근저	하하농협	2014-02-10	말소	말소기준등기
근저	김말똥	2014-02-28	말소	
근저	난영희	2014-07-31	말소	
가압	호호보증보험	2015-07-09	말소	
임의	하하농협	2015-09-04	말소	경매기입등기
가압	호호보증보험	2015-09-11	말소	

여기서 끝나는 것이 아니다. 앞서 살펴보았던 매각물건명세서에는 배당요구종기일이 있고, 배당요구 유무가 기록되어 있다. 만약 송○혁 임차인이 배당요구종기일 이내에 배당요구를 하였다면, 해당 임차인은 배당을 받고 집을 즉시 비워주겠다는 뜻이다. 그 전제하에 생각해보자. 선순위임차인이기 때문에 최선순위로 배당받게 될 것이고, 내가 낙찰 받는 금액이 임차인의 보증금을 전액(9500만 원)을 배당해줄 수 있다면 낙찰 후 1원도 더 들이지 않고 임차인을 내보낼 수 있게 된다.

이때 조심해야 할 것이 있다. 경매정보사이트에서 분석해놓은 데이터를 보면 각 채권자들의 채권금액이 적혀 있다. 그리고 경매를 신청한 채권자가 선순위임차인이 전액 배당받고 1원이라도 배당받을 수 있는지 없는지 본인이 받을 예상 낙찰가로 계산해 보아야 한다. 경매신청 채권자 때문에 경매를 진행하는 것인데 신청채권자가 1원도 배당받지 못하면 '남을 게 없다'는 무잉여 결론으로 경매는 낙찰받더라도 허가되지 않고 취소되기 때문이다.

앞에 있는 표를 보면 하하농협은 2014-02-10에 근저당권을 설정한 후, 2015-09-04에 근저당권에 기한 임의경매신청등기를 하였다. 그렇다면 경매신청 채권자는 하하농협인 것이고, 하하농협은 임차인 바로 밑 2순위에 근저당권을 설정해놓았기 때문에 2등으로 배당받게 될 것이다. 그렇다면 낙찰가는 어떻게 산정해야 하는가? 임차인이 보증금을 전액 배당받고 그 다음 순서인 하하농협이 1원이라도 배당받을 수 있는 금액으로 낙찰가를 산정하면 된다.

결론적으로 현재 예를 든 물건의 경우 선순위임차인과 경매신청채권자를 충족시켜줄 수 있는 낙찰가라면 입찰해도 좋은 것이고, 만약 선순위임차인이 배당요구를 하지 않았다면 임차인이 계약기간까지 점유하다가 미래 낙찰자에게 자신의 보증금 9500만 원을 받고 나가겠다는 의미이기 때문에 입찰 시 다른 계산으로 돌아서야 한다.

1. 임차인의 보증금 9500만 원을 인수한 후 수익이 남을 수 있는 최저입찰가 수준까지 떨어지기를 기다리거나,
2. 다른 물건을 찾거나,
3. 선순위임차인이 가짜 임차인으로 의심되면 그 근거를 찾은 뒤 낙찰받아 임차인을 명도한다.

이렇게 3가지 중 하나로 결정할 수 있다. 만약 세 번째 상황인 가짜 임차인이라면 오히려 낮은 금액에 낙찰받아 임차인을 명도하고 큰 수익을 낼 수 있다. 이게 바로 특수권리투자이다. 임차인을 분석하는 기초적인 방법과 전체적인 권리관계를 정리하는 방법을 알아보았다. 물론 이게 끝은 아니지만 이러한 순서로 시작하여 깊이를 더해 가면 된다.

흔하면서 무서운
유치권

경매정보사이트를 검색하다 보면 토지보다는 건축물이 있는 경매물건에서 아파트, 빌라, 단독주택, 오피스텔, 상가 등을 총 망라하여 '유치권신고 있음'이란 물건들이 굉장히 많다. **독이 되기도 하고, 득이 되기도 하는 유치권의 법칙을 확인해보자.**

유치권(lien, 留置權)

타인의 물건이나 유가증권을 점유한 자가 그 물건이나 유가증권에 관하여 생긴 채권이 변제기에 있는 경우에 그 채권을 변제받을 때까지 그 물건이나 유가증권을 유치할 수 있는 권리(민법 제320조~제328조).

유치권이라 함은 말 그대로 '유치할 수 있는 권리'이다. 사람도 잘못했을 시 유치장에 안에 유치되는 경우가 있지 않은가? 그 개념의 유치권이라고 보면 되는 것이다.

경매물건에 유치권을 행사하는 이유는 대부분 공사업자가 공사대금을 받지 못하여 해당 경매물건을 공사한 업자가 자신의 채권(공사대금)을 회수하기 위해서다.

유치권이라는 것은 물권의 한 권리이다. 물권은 말 그대로 특정 상대방인 사람에게만 주장할 수 있는 채권적 권리행사가 아니라, 해당 물건에 대한 권리가 있다는 이야기다. 이 말이 큰 차이가 없을 것처럼 들릴 수 있겠지만, 어마어마한 차이를 갖고 있다.

물권은 그 누구에게 자신의 채권회수가 될 때까지 해당 물건을 손에 쥐고 아무에게도 내주지 않을 수 있는 절대권과 대항력을 가지고 있다. 그렇기 때문에 경매로 낙찰받은 낙찰자는 공사업자와 계약을 한 적도 없고 공사대금을 주기로 한 적도 없음에도 불구하고 유치권자에게 "제가 낙찰받은 물건 내놓고 공사대금 받아야 하는 사람에게 가서 돈 받으세요!"라는 말을 할 수 없게 된다. 그럼 어떻게 되는 것인가? 낙찰자가 유치권자에게 해당 부동산을 이유로 발생한 채권금액을 직접 변제해 줘야만 하는 상황이 되는 것이고, 이 금액이 크다면 배보다 배꼽이 더 커서 오히려 큰 손해로 이어지는 것이다.

유치권이라는 권리는 다른 물권이라 불리는 권리들과는 많이 다르게 등기를 하지 않고도 그 효력이 발생한다. 결국 등기부등본에는 유치권이 나오지 않는다. 답은 현장에 있다. 왜? 유치권은 점유를 함으로써 그 효력을 유지하게 된다. 유치권자가 해당 목적 부동산을 점유하지 않는 그때 유치권의 효력이 상실된다. 여기서 핵심은 이것이다.

1. 유치권자가 점유를 정상적으로 잘하고 있는가?

2. 점유는 하지 않으면서 법원에 유치권신고만 접수해놓은 상태인가?

여기에서 중요한 것은 '점유'가 직접 유치권주장자가 살림을 차리고 사는 것과 같은 풍경을 기준으로 하지도 않고, 직접 점유하는 것만을 기준으로 하지도 않는다는 점이다. 제3자가 현장조사를 할 때 유치권을 행사하고 있는 모습만 정상적으로 보이면 그 또한 점유로 인정되기 십상이다.

예를 들면 사진과 같이 '유치권 행사 중입니다'라는 플랜카드 현수막을 해두고 문을 잠근 뒤 열쇠를 쥐고 있는 것만으로도 얼마든지 유치권자의 점유가 인정될 수 있다. 편의점에서 오너와 직원 관계와 같이 오너가 직원을 시켜 직접 점유하게 하면 오너는 간접점유의 형태로 얼마든지 인정받을 수 있으며, 혹은 공사대금을 주지 못한 건물주의 동의하

에 유치권자가 타인과 임대차계약 후 임대를 준 후 임대료를 받아 채권을 야금야금 회수가 하고 있는 것으로도 점유는 인정된다.

예를 들면 유치권을 주장하는 주택이 여러 번 유찰되어 저감된 상태라 저가낙찰에 대한 의지로 현장조사와 분석을 한다고 가정해보자. 그 과정에서 전입세대열람을 했는데 소유자가 아닌 김말똥이라는 사람이 점유를 하고 있었다. 이때 '옳지! 김말똥이라는 사람이 점유하고 있으니까 전입신고가 되어 있는 거겠지. 그렇다면 유치권자는 점유를 안 하고 있는 거네?'라고 생각할 수 있다. 과연 이것이 맞을까?

'유치권은 타인의 간섭을 배제하고 배타적으로 점유를 해야 하는데, 왜 김말똥이 전입신고가 되어 있지? 이거 입찰해서 유치권 무너뜨려야겠다' 생각하고, 경매정보사이트에서 매각물건명세서를 확인한 뒤 '옳거니~ 김말똥이 임차인이었구나. 유치권자가 점유 안 하고 있는 거 맞네' 하는 공부벌레 초보자분들이 계실 거다.

만약 이렇게 되면 정말 큰 사고가 날 수 있다. 유치권자는 소유자의 동의하에 얼마든지 유치권을 보존하며 임대차계약을 통해 임대료 상당의 과실(果實)을 득할 수 있기 때문이다.

그리고 또 한 가지! 유치권은 인도명령신청사건이 아니라 소송사건이다. 인도명령신청사건은 절차를 확인받아 끝내는 것이고, 소송은 분쟁을 통해 누구 말이 맞는지 다투어 보아야 하는 경우에 하는 것이다.

결국 이러한 피곤함 때문에 초보자들이 유치권을 상당히 꺼려한다. 이 전제하에 유치권의 점유를 깰 수 있는 확실한 팁을 한 가지 선물하고자 한다.

유치권을 깰 수 있는 확실한 Tip

유치권은 단순히 점유 그 자체로만 인정이 되는 것이 아니다.

'점유의 시기' 또한 중요하다. 유치권 주장자는 경매개시결정등기 이전부터 반드시 점유하고 있어야 한다. 경매가 진행이 확정되어 압류의 효력이 발생한 이후에도 유치권행사를 하는 것이 인정된다면, 악의적으로 입찰가를 떨어뜨려 작업을 하고자 하는 경매 방해 인물들이 판을 칠 것이기 때문이다. 그렇다면 경매개시결정등기 이후부터 점유한 유치권주장자라는 것을 가장 확실하게 근거 삼을 수 있는 것은 무엇일가?

경매정보사이트에서 집행관이 작성한 '현황조사서'를 열람해보길 바란다. 만약 현황조사서 내에 '소유자 점유'라고 적혀 있다면 유치권자는 무너지게 된다. 왜? 집행관의 현황조사시점은 경매개시결정등기가 되어 압류의 효력이 발생된 이후이기 때문에 현황조사시점에서 '소유자 점유'라고 되어 있는 것은 당연히 유치권자가 경매개시결정등기 이후부터 유치권을 주장하고 있다는 것이 된다. 이러한 경우에는 낙찰받은 뒤 소송 없이 집행관의 현황조사서를 첨부하여 법원에 인도명령신청서를 접수하면 된다.

약 2주 뒤 인도명령결정문을 나와 상대방이 받게 될 것이고, 이 인도명령결정문을 집행권원으로 언제든 강제집행을 할 수 있게 된다.

이 팁을 꼭 기억해두길 바란다. 결국 유치권에 대한 법칙은 대단한 것이 아니라 '점유'의 부정과 긍정에 따라 승패가 완전히 나뉜다는 것을 꼭 이야기하고 싶다.

물론 아파트, 빌라, 상가 등의 임차인이 유치권신고를 하는 경우도 있다. 그럼 임차인이 살고 있는데 당연히 유치권이 인정되는 것이냐고? 법칙이라면 그래야 하는 거 아닌가? 여기서 하 한 가지 기준을 더 밝히면, 유치권은 반드시 해당 목적물과 채권의 견련 관계가 있어야 한다. 반드시 공사업자와 같이 해당 부동산으로 인해 채권이 발생해야 한다는 뜻이다.

그렇다면 임차인은 자신이 직접 건축한 것도 아니고, 보증금반환청구권은 해당 부동산이라는 물건 자체와 직접적으로 관련 있는 채권도 아닌데 무엇을 더 검토해야봐야 할까? 임차인이 유치권행사로 인정받을 수 있는 것은 '필요비상환청구권과 유익비상환청구권'이 있을 때이다.

필요비상환청구권

집주인을 대신하여 해당 부동산을 사용하거나 수익을 내는데 있어서 반드시 수선하지 않으면 정상적인 사용이 힘든 경우 직접 임차인이 비용을 들여 수선을 한 뒤 집주인에게 그 돈을 받을 수 있는 권리

유익비상환청구권

임차부동산의 객관적 가치를 증가시켜 그 값을 받아야 할 채권이다. 예를 들면 리뉴얼 개념에서 건물 외벽에 페인트, 발코니 확장공사 등이 있다.

임차인은 유익비상환청구권에 기한 유치권신고를 하지만, 가치증가 내역을 보면 자신의 목적을 위해 주관적 가치를 증가시킨 후 해당 금액을 요구하는 경우가 대부분이다. 또한 중개업소를 통해 임대차계약서를 작성할 당시 대부분 임대차계약서는 원상복구특약이 들어가 있다. 원상복구특약은 임대차계약 해제 후 모든 것을 원리대로 복구해놓아야 하는 약속이다. 그러니 더더욱 유익비상환청구권에 기한 유치권이 대부분 무너지는 것이다.

　상가의 경우 유치권행사의 90% 이상이 인테리어 비용이다. 인테리어비용의 경우 자신의 영업활동을 위해 주관적 가치를 증가시킨 것이기에 인정이 되지 않고, 원상복구 특약 때문에도 유치권이 무너지고 만다. 점유 유무와 점유 시기, 마지막으로 유치권대상 목적물과 채권의 견련성 등을 고려해보고 근거를 잡는다면, 유치권은 소송사건으로 간다 할지라도 두려움에 대상이 아니라 기분 좋은 수익모델의 대상이 될 것이다.

유치권 실무에서 본 모습

많은 경매 입문자들이 그토록 파고드는 유치권, 많은
실무자들이 그토록 예민한 유치권에 대한 이야기를
담아보고자 한다. **때로는 매우 고맙게도 명도가 술술
풀려 저가낙찰로 만족할 만한 수익을 선물하기도 하지만,
꼬이기 시작하면 답도 없어지기 시작하는 유치권을
해석해보자.**

경매투자를 하면서 가장 흔히 볼 수 있는 특수한 권리 중 한 가지가
바로 '유치권'이다. 만약 낙찰받고자 하는 부동산에 유치권이라는 권리
를 주장하는 자가 있다면 그 유치권이 진정한 유치권이라는 가정하에
채권금액을 인수해주지 않고서는 아무리 낙찰받고 해당 부동산의 소
유자가 되었다고 하더라도 권리주장을 못하는 경우가 생길 수 있기 때
문에 유치권이라는 권리는 초보투자자들에게 학습 뒤에 결국 회피의
대상이 되고, 고수들에게는 기회의 대상이 된다. 다음 예를 통해 유치
권 개념을 쉽게 이해해보자.

내가 만약 갑돌이의 옷을 세탁소에 세탁을 맡겼다. 그리고 다음 날 세탁소 주인에게 찾아가 세탁된 옷을 달라고 하려는 찰나 주머니에 손을 넣어보니 돈이 없다. 이때 나는 이렇게 이야기해 볼 수 있다.

"죄송한데요, 돈을 놓고 왔는데 내일 갖다드릴 테니 옷 좀 주세요."

그럼 세탁소 주인은 이렇게 이야기할 것이다.

"그럼 옷도 내일 찾아가세요."

며칠 후, 옷을 맡긴 내가 아니라 진짜 옷의 주인인 갑돌이가 세탁소에 찾아간다.

"세탁소 사장님, 저는 이 옷을 맡기라고 얘기한 적 없어요. 제 옷이니 주세요."

세탁소 주인은 이렇게 대답할 것이다.

"누가 옷의 주인인지는 관심도 없고, 난 이 옷을 세탁했고 내 일의 대가인 돈을 지불받기 전에는 이 옷을 그 누구에게도 돌려주지 않을 겁니다."

이게 무슨 뜻인가? 세탁소 주인은 의뢰한 내용대로 세탁을 해줬고 그에 대한 대가로 약속된 돈을 지불받아야 하는데, 상대방이 돈을 내고 세탁물을 가져가야 할 의무를 함께 이행하지 않자 세탁소 주인에게 해당 세탁물을 유치할 수 있는 권리가 생기는 것이다. 동시에 법률적으로 제3자 그 누구에게도 자신의 권리를 주장할 수 있는 대항력이 생기기 때문에 진짜 옷 주인이 나타나 내 옷을 달라고 해도 콧방귀를 뀌며 무시할 수 있다.

유치권은 민법상 '물권(물건을 지배할 수 있는 권리)'에 속하며 이러한 물권들은 원칙적으로 등기를 함으로써 효력을 유지하기 때문에 등기부등본을 열람하면 쉽게 권리들을 볼 수 있고 권리분석을 통해 낙찰 후 말소의 여부를 확인할 수 있지만, 예외적으로 유치권은 등기를 하지 않고 채권이 발생한 목적 부동산을 점유하고 있음으로써 효력이 유지된다. 따라서 등기부등본에 나타나지 않는다.

또한 유치권은 등기부등본에 나타나지 않기 때문에 유치권자는 낙찰 후 별도로 유치권 부존재소송 및 명도소송 등을 통해 해결을 해야 하는 문제가 생기는데, 돈과 관련된 문제를 다루는 민사소송이기 때문에 누가 승소하느냐에 따라서 경제적 부담의 결과가 완전히 달라질 수 있다. 그래서 유치권이라는 권리를 초보자가 두려워할 수밖에 없는 것이다.

상상해보자. A라는 토지소유자가 B라는 공사업자에게 단독주택 건축을 의뢰했다. B는 약속대로 단독주택을 짓고 나서 공사비를 받기로 하였고 단독주택을 완성시켰지만, A라는 토지소유자의 재무상태가 악화되면서 단독주택이 경매로 진행되게 되었고 B라는 공사업자는 공사대금을 받지 못해 해당 단독주택에 대한 유치권행사를 하고 있다.

이 전제하에 우리가 경매진행 중인 단독주택을 보았고 관심이 가서 자세히 보니 감정평가금액은 2억인데, 법원에 유치권신고를 한 공사업자가 주장하는 유치권공사대금은 1억이라고 가정하자. 만약 우리가 유치권을 행사하고 있다는 것을 모르고 실수로 낙찰받았다면 낙찰 후 1

억을 인수하여 배보다 배꼽이 더 큰 투자 실패작이 될 수도 있다.

반대로 유치권은 법정담보물권으로써 법률로 정해놓은 조건에 모두 부합해야만 진정한 유치권자로서 권리를 주장할 수 있기 때문에 현장 조사와 분석을 통하여 해당 유치권주장자가 법률에서 정한 조건에 부합하지 않는 조건들과 객관적 증거들을 만들어낸다면 낙찰받은 뒤 유치권주장자를 무너뜨릴 수가 있다.

그래서 고수들에게는 유치권이 기회가 되기도 한다는 이야기를 한 것이다. 유치권신고 금액 때문에 낙찰가가 하염없이 낮게 떨어지고 있을 때 반값에 낙찰을 받아 유치권자를 계획대로 무너뜨린다면 2배 수익이 가능해질 수 있는 논리가 되는 것이다. 이번에는 유치권의 대표적인 성립조건을 간단히 거시적으로 한번 살펴보자.

〈유치권의 대표적 성립조건〉

1. 물건과 유가증권을 대상으로 한다.

(물건이어야 한다는 뜻으로 이해하면 된다. 사람을 유치할 수는 없지 않은가. 사람을 유치할 수 있는 것은 교도소와 파출소밖에 없다.)

2. 채권이 유치권의 목적물에 관하여 생긴 것이어야 한다.

(돈 받을 권리가 반드시 유치권을 주장하는 해당 부동산으로부터 생겼어야 한다는 뜻으로 이해하면 쉽다.)

3. 채권이 변제기에 있어야 한다.

(약속대로 돈 받을 날짜가 되었음에도 돈을 주지 않을 시에만 인정된다는 의미다.)

4. 유치권자는 타인의 물건 기타 유가증권의 점유자이어야 한다.

(반드시 해당 목적물을 점유하고 있어야 한다는 의미다.)

5. 유치권의 발생을 배제하는 법령상, 계약상의 사유가 없어야 한다.

(처음부터 서로 간 약속을 통해 유치권행사를 하지 않기로 하는 특약이 없어야

한다는 의미다.)

위 5가지 대표적인 성립조건 중 한 가지라도 어긋난다면 유치권은 무너진다.

4번을 주목해보자. 유치권자는 해당 목적물을 점유하고 있어야 하고, 그 점유는 돈을 받을 때까지 지속되어야 한다. 더 미시적 조건들을 따져보면 경매투자를 하는데 있어서 유치권자를 쉽게 무너뜨릴 수 있는 조건이 2가지 있다.

조건 1. 경매가 진행된다는 '경매개시결정등기 이전'부터 점유하고 있어야 한다.

보통 유치권자가 진정으로 해당 목적물과 견련성을 갖고 공사대금채권이 있다고 하더라도 유치권이라는 민법상 권리를 공부하고 건물공사를 하는 사람이 그리 많지 않기 때문에 유치권을 제때 행사하지 못하거나, 건물 공사를 하던 중 계약자인 토지소유자가 부도가 나 경매가 진행되고 있다는 점을 추후에 인지하고 공사를 중단한 후 유치권행사를 하기도 한다. 이미 경매가 진행된다는 소식을 접했을 때는 보통 경매개시결정등기가 토지에 대하여 된 이후일 때가 많다. 채권자가 경매

신청을 한 후 경매개시결정등기부터 하는 것이 압류의 효력을 위한 순서이기 때문이다.

하지만 앞서 말했던 유치권은 이유를 막론하고 반드시 경매개시결정 등기 이전부터 점유를 하고 있었어야만 성립하고, 제3자에 대한 대항력을 갖는 것이다. 민사집행법상 집행관은 경매개시결정등기가 된 이후 판사의 지시에 따라 현황조사를 나가게 된다. 이때 현장에서 조사 후 '소유자 점유'라고 현황조사서에 적는다면? 이것이 시사하는 바는 무엇인가.

집행관의 현황조사시점은 경매개시결정등기 이전인가? 이후인가?

바로 이후이다. '이후'라는 것은 무엇을 반사적으로 시사하는가? 경매개시결정등기 이전부터 점유를 하고 있었다면, 경매개시결등기 이후에 현황조사를 나간 집행관이 '제3자 점유' 또는 '유치권자 점유'라고 적어야 한다. 그런데 '소유자 점유'라고 적혀 있다는 것은 경매개시결정등기 이전부터 점유하지 않았다는 객관적인 근거를 내놓은 셈이 된다.

보통 유치권은 원칙적으로 인도명령신청을 통해 인도명령결정문을 받아 간단히 결정문을 집행권원으로 상대방의 부동산 점유를 강제 집행할 수 있는 것이 아니라, 소송이 원칙이다. 소송 중에서도 민사소송이다 보니 시간도 걸리고, 금전적 부담도 커지기 마련인데 집행관의 현황조사서는 객관적 유치권 불성립 근거가 되어 법원에 인도명령신청을 할 시 함께 근거자료와 주장을 넣어 제출하면 소송 없이도 2주 만에 인도명령결정문을 받아 명도해 버릴 수 있는 권한을 갖게 된다. 이것이 경매초보자에게 권할 수 있는 가장 안전하게 유치권을 다룰 수 있는 방법이다.

조건 2. 유치권이 불성립한다는 충분한 근거와 자료들을 수집하여 소송 전에 유치권행사자와 협의가 가능해야 한다.

유치권자는 소송에서 조정위원회를 통해 협의되어 협의금액이 감가될 것을 고려하여 경매정보지에 유치권금액을 2배로 뻥튀기하여 행사하는 경우가 많다. 만약을 대비하여 유치권금액을 인수하게 된다면 그 인수금액을 감안한 입찰가능가까지 유찰되기를 기다렸다가 유치권 전액을 인수하고도 수익이 날 수 있는 금액에 낙찰받은 뒤, 유치권자와의 법률적 약점을 함께 들고 협상을 하여 유치권금액을 절반으로 줄인다면 그 갭만큼 고스란히 수익을 올릴 수 있다.

이때 만약 협상이 되지 않는다면 당연히 유치권부존재소송을 하여 나름 준비해놓은 자료들을 주장하고 판사가 1심에서 바로 유치권부존재승소판결을 주면 정말 좋겠지만, 그렇지 않더라도 자료가 충분하다면 조정위원회를 열어 유치권금액을 절반으로 줄여 충분히 협의할 수 있다. 보통 2배로 뻥튀기를 하므로, 전문업체를 통하여 해당 공사에 들어간 재료들을 파악하여 금액들을 산정해본 자료가 있다면 유치권자가 얼마나 뻥튀기를 했는지 객관적 근거가 나오는 것이고, 이것을 판사에게 보여주면 유치권자가 조정을 받아들일 가능성이 커지는 것이다.

마지막으로 이외에 다양한 논리들이 많고, 판례들도 많다. 직접점유

및 간접점유, 배타적 점유에 대한 이해를 통한 공략방법도 설명해줄 수 있다. 하지만 저자가 다 해보니, 실력이 부족해서인지 운이 따라주지 않았기 때문인지 소송에서 승소를 확신하기 두렵고, 마음처럼 잘 풀리지 않을 때가 많았다. 그래서 앞서 이야기한 방법과 절차로 많이 파고들기를 이 책에서는 권할 수밖에 없다는 점을 꼭 유념하였으면 좋겠다.

매각물건명세서에
숨은 법칙

경매물건을 분석할 때 분석은 물론이고, 입찰 전까지 단 한 번도 매각물건명세서를 보지 않는 경우가 많다. **필자는 경매물건에 대한 분석을 시작할 때 가장 먼저 매각물건명세서를 본다. 이번 법칙에서는 매각물건명세서의 중요성을 강조하고자 한다.**

'매각물건명세서'는 어떤 역할을 하고 어떤 의미가 있을까? 경매가 진행됨에 있어 집행관의 현황조사 내용을 포함하여 경매사건과 이해관계가 있는 모든 사람들의 접수된 서류와 사실관계들이 총 정리된 문서이다. 또한 매각물건명세서에 오류가 있을 시에는 경매가 낙찰되었음에도 불구하고 불허가 사유가 되며, 다시 정정하여 경매가 진행되게 할 수 있는 영향력을 갖는다.

동시에 우리가 물건의 권리 및 물리적 하자 등을 분석할 때 우선적으로 살펴보아야 하는 잣대가 된다. 극단적으로 이야기하면 주택임대차보호법과 등기권리분석을 잘했어도, 매각물건명세서를 보지 않았을 경우 임차인분석(임차인의 보증금 인수 여부 등)이 뒤집어질 수 있다.

물건을 분석할 때 매각물건명세서를 반드시 우선적으로 살펴보아야 하는 이유를 한 가지씩 알아보자. 다음 매각물건명세서를 1분 이상 천천히 위에서부터 아래로 살펴보자.

사건	2015타경11509 2016타경5444(중복)			매각물건번호	1		담당법원(사법보좌관)		
작성일자	2016.11.02			최선순위 설정일자	2014. 12. 22. 가압류				
부동산 및 감정평가액 최저매각가격의 표시	부동산표시목록 참조			배당요구종기	2015.09.24				

점유자의 성명	점유부분	정보출처 구분	점유의 권원	임대차 기간 (점유기간)	보증금	차임	전입신고일자, 사업자등록신청 일자	확정일자	배당요구 여부 (배당요구 일자) ②
유○식	구분건물전부	등기사항전부 증명서	주거 전세권자	2016년 9월 5일까지	4억 2천만원			2014.09.15	
		현황조사	주거 임차인	미상	미상		2014.07.25	미상	

〈비고〉
유○식 : 전세권설정등기일은 2014.09.15.임

※ 최선순위 설정일자보다 대항요건을 먼저 갖춘 주택·상가건물 임차인의 임차보증금은 매수인에게 인수되는 경우가 발생할 수 있고, 대항력과 우선 변제권이 있는 주택·상가건물 임차인이 배당요구를 하였으나 보증금 전액에 관하여 배당을 받지 아니한 경우에는 배당받지 못한 잔액이 매수인에게 인수되게 됨을 주의하시기 바랍니다.

※ 등기된 부동산에 관한 권리 또는 가처분으로 매각허가에 의하여 그 효력이 소멸되지 아니하는 것 ①

을구 8번 전세권설정등기(2014.9.15. 접수 제40920호)

※ 매각허가에 의하여 설정된 것으로 보는 지상권의 개요 ③

해당사항 없음

※ 비고란

특별매각조건 매수보증금 20%

별거 없어 보이는 매각물건명세서를 파헤쳐 보도록 하겠다.

※ 등기된 부동산에 관한 권리 또는 가처분으로 매각허가에 의하여 그 효력이 소멸되지 아니하는 것
을구 8번 전세권설정등기(2014. 9. 15. 접수 제40920호)
※ 매각허가에 의하여 설정된 것으로 보는 지상권의 개요
해당사항 없음
※ 비고란
특별매각조건 매수보증금 20%

위 그림은 매각물건명세서 하단에 위치한 부분이다.

① 등기된 부동산에 관한 권리 또는 가처분으로 매각허가에 의하여 그 효력이 소멸되지 아니하는 것

우리는 보통 경매물건 권리분석을 하기 위해 열심히 공부를 한다. 그리고 정석대로 낙찰 후 말소되는 권리 외에 인수해야 하는 권리가 있는지부터 파악한다.

하지만 그 전에 위 첫 번째 칸의 타이틀을 먼저 보면 분석이 매우 쉬워진다. 이것은 무엇을 말하고 있는가? 해당 사건의 등기된 권리 중에서 낙찰 후 소멸되지 않는 권리들을 이미 분석해놓고 알려주겠다고 한다. 아니나 다를까 해당 그림을 보면 뭐라고 적혀 있는가?

'을구 8번 전세권설정등기(2014. 9. 15 접수 제40920호)'

아직 분석해보기 전이지만, 인수되는 등기부상의 권리는 전세권 한 가지밖에 없다는 것을 알 수 있다. 그럼 등기와 관련되어 분석 시 가이드라인이 바로 바뀌어 버린다.

전세권이 인수권리라면 해당 전세권은 앞서 배운 것과 같이 말소기준권리보다 앞서는 전세권등기일 것이고, 경매 매각절차에서 배당요구를 하지 않았다면 전세계약기간까지 살고 낙찰자에게 전세권금액을 받고 나가겠다는 의사표시이기 때문에 낙찰 후 전세금액 인수까지 감안하여 낙찰받거나 포기하여야 한다.

만약 배당요구를 하였다면 최선순위 전세권자이기 때문에 1등으로 배당이 된다. 이때에는 내가 적어내는 낙찰금액 안에서 1등으로 전세권자가 배당을 전부 받을 수 있다면 마음 편히 낙찰받아도 된다. 전세권자는 전세금 배당과 함께 전세권등기는 말소(소멸)대상이 된다. 즉 내가 낙찰받은 금액으로 전세권자의 전세금액이 전부 변제되는 것이니 인수하는 것이 없게 된다.

② 전세권자의 배당요구 여부 확인

매각물건명세서의 중간 부분을 보자.

부동산 및 감정평가액 최저매각가격의 표시		부동산표시목록 참조			배당요구종기			2015.09.24	
점유자의 성명	점유부분	정보출처 구분	점유의 권원	임대차 기간 (점유기간)	보증금	차임	전입신고일자, 사업자등록신청 일자	확정일자	배당요구 여부 (배당요구 일자)
우○식	구분건물전부	등기사항전부 증명서	주거 전세권자	2016년 9월 5일까지	4억 2천만원			2014.09.15	?
		현황조사	주거 임차인	미상	미상		2014.07.25	미상	

〈비고〉
우○식 : 전세권설정등기일은 2014.09.15.임

배당요구종기의 날짜를 보면 2015. 09. 24라고 적혀 있다. 이 말은 해당 날짜까지 배당요구를 해야만 배당을 해주겠다는 소리이다. 그리고 하단 오른쪽을 보면 배당요구 여부(배당요구일자)라는 부분이 있다. 이곳에서 배당요구 날짜를 보아야 하는데, 해당 매각물건명세서에는 아무것도 적혀 있지 않다. 전세권자는 배당요구 자체를 하지 않았다. 이것은 낙찰자가 전세권금액 전체인 4억 2000만 원을 전부 인수해야 한다는 뜻이다.

꼭 기억해야 할 Tip

매각물건명세서에서 전세권설정등기만 인수한다고 나와 있는데, 등기부상에서 그 외 인수사항이 발생하는 경우가 있다. 이러한 경우 '법원에 공신력 있는 매각물건명세서의 내용을 믿고 투자하였는데 인수사항이 추가로 있었다'는 내용으로 매각불허가 신청을 하면, 낙찰 후 알게 된 인수사항의 권리를 인수하지 않고 경매 입찰 전 상황으로 돌아가 다른 물건에 참여할 수 있는 기회가 다시 생긴다.

③ 비고란

매각물건명세서 최하단을 보면 '비고란'이 있다. 이곳 또한 너무너무 중요하다. 비고란에 '특별매각조건 매수보증금 20%'라고 적혀 있다. 이것은 또 무엇인가? 이미 과거 경매 건에서 누군가 낙찰을 받았지만 잔금을 내지 않아 입찰보증금이 몰수된 상태로 재경매(재매각)되었다는 뜻이다. 따라서 이번에는 좀 신중히 입찰하라는 의미에서 입찰 시 함께 제출하는 입찰보증금(최저입찰가의 10%)이 20%로 상승하였으니 잘 알고 입찰보증금을 넣으라는 것이다. 이게 중요하냐고? 당연히 중요하다. 입찰보증금이 1원이라도 부족하면 최고가매수신고인(낙찰자)이 되어도 무효이고 2등이 낙찰자가 된다. 겨우 이게 다냐고? 결코 아니다.

비고란의 경우는 등기부상 나타나지 않는 모든 특이사항들을 전부 적는 곳이다. 예를 들어, 위반건축물(허가사항에 맞지 않는 불법적인 모든 건축행위)로 신고된 건물의 경우는 해당 관할관청에게 원칙적으로 1년에 2회씩 이행강제금을 내게 되어 있다. 원상복구를 할 때까지 내는 것이 원칙이다. 이런 내용들이 비고란에 기재되어 있다.

이외에 '유치권' 신고 내용도 매각물건명세서 비고란에 나온다. 해당되는 경우 유치권신고자가 누구이며, 얼마의 공사대금을 받기 위해 해당 경매부동산을 점유하며 있는지까지 기재되어 있다. 그러니 안 중요한가? 우리에게 너무나 중요한 모든 것들을 알 수 있는 나침반이므로 매각물건명세서는 물건 조사 시 반드시 확인해야 한다.

집행관이 쓴
현장조사서의 **중요성**

경매가 신청된 후 집행관은 해당 경매사건 소재지를 직접
찾아가 현황조사를 하고 현황조사서를 만들게 된다. 이
문서는 우리에게 어떻게 얼마나 중요할까?

앞서 다루었던 매각물건명세서보다 집행관의 현황조사서는 더 간과

하기 쉽다. 하지만 필자는 이 또한 대단히 중요한 문서 중의 하나로써

경매물건을 검색 후 관심이 생기면 반드시 살피고 따져본다.

집행관의 현황조사서

채권자가 빌려준 돈을 받기 위해 채무자의 재산을 경매 신청하는데, 법원은
채권자의 경매 신청이 타당성이 있고 권리가 있다면 경매개시결정을 하고
대상 부동산에 등기를 함으로써 압류의 효력을 갖게 된다. 이후 하는 것이 바로
집행관의 현황조사이다.

경매가 진행되면 많은 사람들이 응찰하여 낙찰가가 높아져야 채무자의 빚이 그만큼 탕감된다. 하지만 현황조사서 없이 개인이 현장 방문을 하여 물건에 대해 조사를 하려고 들면 문전박대를 받기 십상이다. 그래서 집행관이 총대를 메고 조사를 해온 뒤 현황조사서를 만드는 것이다.

집행관의 현황조사서에는 방문 후 누가 점유하고 있는지 언제부터, 어떤 권리로, 어떤 형태로 점유 중인지까지 듣는 그대로 메모하고, 집행관의 현장 방문 시 아무도 나오지 않음이 반복되면 '폐문부재'로 적고 주민센터를 가서 주민등록등본을 열람하여 누가 전입해 살고 있는지까지 확인을 한다.

이쯤 되면 벌써 느낌이 와야 한다. 주택임대차보호법상 임차인의 대항력은 '주민등록이전(전입신고)+주택인도(점유)'가 함께 이루어졌을 때 발생하고, 동시에 유지가 되어야 한다. 임차인의 대항력 여부는 보증금을 낙찰자가 인수하느냐 마느냐로 갈라지기 때문에 대단히 중요한 문제이다. 현황조사서에 '소유자 점유'라고 적혀 있다면, 임차인이 점유를 하지 않고 있다는 근거의 실마리가 될 수 있다. 전입만 되어 있고 점유는 하지 않는다? 이는 대항력 상실인 것이다.

다음 현황조사서를 보자.

■ 조사일시
2015년 04월 20일 15시 00분, 2015년 06월 29일 11시 40분

■ 임대차정보

번호	소재지	임대차관계
1	강원도 홍천군 내면 창촌리 1632 가동 ████	1동

■ 점유관계

소재지	1. 강원도 홍천군 내면 창촌리 1632 가동 ████
점유관계	제 3 자점유
기타	- 신성부동산은 공사완공은 되었으나[사진 1] 되었으나 현재 준공검사가 이루어지지 않은 미등기 공가상태[사진 4 - 10] 아파트로, 신청외 ████ 원산업개발주식회사에서 서울중앙지방법원 2013가합 78742호 공사대금 소송 승소에 의한 금2,604,800,000원을 지급받기 위하여 현재 유치권자로서 점유하고 있음 [사진 11, 12] - 현장에 출장하여 유치권자 ████ 원산업개발주식회사 현장관리소장 김 ████ 씨을 만나 위와 같은 사유로 현재 유치권자로서 점유사용하고 있음을 확인하였음. 다.

■ 부동산현황
- 신성부동산은 공사완공은 되었으나[사진 1], 현재 준공검사가 이루어지지 않은 상태의 공가[사진 4 - 10] 아파트로 유치권자 ████ 원산업개발주식회사에서 점유하고 있음.
[사진 11, 12]

■ 임대차관계
[소재지] 1. 강원도 홍천군 내면 창촌리 1632 가동 ████

	점유인	████ 원산업개발주식회사	당사자구분	점유자
1	점유부분		용도	기타 - 유치권자로서 공가 상태로 점유
	점유기간		차임	
	보증(전세)금		확정일자	
	전입일자			

현황조사서를 보면 점유관계가 '제3자 점유'라고 적혀 있다. 임차인도 아니고 소유자도 아니고 제3자는 누구인가? 현황조사서 중간 점유관계 카테고리 하단을 보면 '기타'라는 칸에 ○○원산업개발주식회사가 공사를 해주고 금 2,604,800,000원 상당의 공사대금을 받지 못해 해당 부동산을 유치권신고를 하고 점유하고 있다고 기재되어 있다. 유치권이라는 것은 해당 부동산과 견련 관계가 있는 채권자가 해당 채권금액을 받아내기 위해 해당 부동산을 아무도 사용하지 못하게 직접 관리 형태의 점유를 하면서, 그 돈을 받을 때까지 그 어떤 누구에게도 부동산을 인도하지 않을 수 있는 강력한 권리이다.

유치권이라는 권리는 등기를 하지 않기 때문에 직접 현장을 통해 확인해야 한다. 무엇을 확인해야 할까? 유치권의 대표적 성립 유지요건은 바로 '점유' 상태이다. 점유하지 않으면 유치권은 임차인의 대항력과 같이 권리가 사라져 버린다. 그런데 친절하게도 집행관의 현황조사서에 유치권자가 직접 점유를 하고 있다는 내용이 있으니 이 얼마나 수고를 덜어주는 감사한 것인가?

하지만 만약 현황조사서에 '제3자 점유'가 아니라 '소유자 점유'라고 적혀 있다고 가정해보자. 유치권자가 점유를 하지 않고 있다는 것을 반사적으로 시사하고 있는 것이고, 유치권주장자에게 비록 채권이 있다고 하더라도 유치권 행사를 할 수 없다는 결론을 내릴 수 있다. 하지만 민법상 유치권에 대해 조금이라도 공부했다면 이런 의심을 품을 수 있다.

'현황조사서에는 소유자 점유라고 되어 있는데, 낙찰받고 가니 유치권자가 점유하고 있으면 어떡하지? 점유가 회복된 것이고, 점유를 침탈당했다가 다시 재점유하는 것도 유치권이 인정되는 것으로 알고 있는데……'

맞다. 하지만 유치권자의 점유는 '점유 시기'도 중요하다. 경매개시결정등기 이전부터 점유를 하고 있어야 한다. 다시 말하면 경매가 시작된 이후, 즉 압류의 효력이 발생한 이후부터 점유하는 경우에는 유치권자가 경매 낙찰자에게 대항할 수 없다.

그럼 다시 생각해보자. 집행관의 현황조사는 언제 하는 것인가? 경매개시결정등기 이후에 한다. 그 이후에 했음에도 불구하고 '소유자 점유'라면? 유치권자가 비록 지금 점유하고 있다고 하더라도 경매개시결정등기 이후부터 점유를 했다는 뜻이 된다.

이 현황조사서는 유치권을 깨는데 막강한 힘을 발휘한다. 유치권을 깨려면 원칙적으로 유치권부존재소송을 하여 승소판결 절차를 밟아야 한다. 하지만 유일하게 '집행관의 현황조사서에 소유자가 점유하고 있다는 내용'이 있다면 이 서류를 첨부하여 법원에 제출하는 방법이 있다. 법원에서 유치권자에 대한 부동산 인도명령신청서를 접수하면 인도명령결정이 내려지는데, 판결문이 아닌 인도명령결정문을 집행권원으로 하여 유치권자를 강제집행할 수 있게 된다. 얼마나 비용, 시간, 정신적 스트레스가 절감되는가?

또 한 가지! 현황조사서에 '소유자가 점유'하고 있다는 내용을 보고 입찰했는데, '유치권자가 점유'하고 있는 것을 알았을 때는? 법원에 공신력 있는 현황조사서를 보고 입찰을 했는데 소유자가 점유하는 것이 아니라 유치권자가 점유를 하고 있으니, 낙찰받은 물건에 대한 매각불허가를 신청하여 입찰보증금을 돌려받고 무효화할 수 있다. 본래는 낙찰 후 잔금을 내지 않으면 입찰 당시 지불하여 공탁되어 있는 입찰보증금은 몰수되기 마련인데, 현황조사서 내용 하나로 이렇게 정리할 수 있으니 얼마나 다행인가!

이 외에도 집행관의 현황조사서는 매우 중요한 도구로써 여러 가지로 힘을 발휘하는 만큼 경매투자를 한다면 반드시 주의 깊게 살펴본 뒤 권리분석에 함께 적용해야 할 것이다.

명도의 방향을 미리 계산하라

철저한 권리분석 이후 낙찰받았다면, 최종적으로 사람을 상대하는 숙명적 과정이 명도다. **명도는 내가 낙찰받은 부동산을 공부상 소유권이전 외에 점유이전을 통한 인수 및 인계과정이라 보면 된다.**

많은 초보 투자자들이 권리를 분석하는데만 총력을 기울이고, 분석된 권리에 맞게 해당 부동산에 대한 점유 상태를 올바르게 돌려놓는 것에 대한 고민은 뒤늦게 하기 시작한다. 다음은 국내에 많은 hot바리 강사들이 강의하면서 자주하는 말이다.

"일단 권리분석 잘해서 낙찰받으면 명도는 어떻게든 해결됩니다. 일단 낙찰받으세요!"

한마디로 이건 강아지 코 파는 소리다. 이런 말을 하는 강사들은 수강생들로 하여금 야금야금 배를 채우기 급급해있다. 그래서 회원이 낙찰받은 뒤, 강사에게 명도에 대해 물어보면 강사는 돈을 받고 해당 물건을 처리해주거나, 미리 업무협약을 맺은 컨설팅 회사에 커미션을 받고 회원을 넘긴다.

정말 깜짝 놀랐던 것은 우리나라에서 그래도 강사로 나름 이름이 알려졌다는 사람이 회원이 낙찰받은 물건에 대한 인도명령신청서 하나도 제대로 써주지 못하는 실력이었다는 것을 알았을 때이다. 필자도 초보자분들에게 낙찰받고 인도명령신청을 하는 법을 알려주기도 하지만, 실전에서는 법무사에 편히 위임하라고 이야기를 한다. 하지만 강의를 하는 강사는 인도명령신청서를 눈 감고도 쓸 수 있어야 한다.

다시 본론으로 돌아와서 권리분석을 잘하고 낙찰받는다고 해서 모든 게 해결되는 것이 아니다. 경매에 입찰하기 전부터 명도에 대한 전반적 가이드라인이 준비되어 있어야 한다. 그 첫 단추를 꿰는 방법을 소개하고자 한다. 명도는 크게 2가지 방향으로 나뉜다.

명도의 방향 ┌ 인도명령신청
          └ 소송

1. 인도명령신청

말 그대로 부동산을 낙찰자에게 인도해달라고 법원에 명령을 대신 구하는 것을 신청한다는 뜻이다. 소송이 아닌 신청이다. 그래서 신청사건이라 부른다. 소송사건과 신청사건은 완전히 다르다. 신청사건은 분쟁이 필요치 않는 것을 국가로부터 확인받아 권리에 맞게 행사할 수 있는 힘을 부여받기 위할 때 하는 것이다.

예를 들어, 한 여자가 아이를 낳았다. 이때 그 여자는 엄마가 되고, 태어난 아이는 자녀가 되는 것에 대해서 그 누가 이의를 제기할 수 있는가? 이와 같이 분쟁의 이유가 없는 것이다.

경매에 적용하면 경매로 낙찰받고자 하는 주택에 소유자가 직접 점유하고 있다. 이후 해당 물건을 낙찰받고 나서 전 소유자가 계속 해당 주택을 점유하며 부동산을 인도해주지 않을 경우 누구의 말이 맞는지 분쟁을 통해 해결해야 할 사항인가? 아니면 소유자가 불법적으로 점유하고 있을 뿐인가? 아마도 대부분 후자의 말이 맞다고 생각할 것이다.

이때 소유자에게는 부동산 인도를 내용으로 한 소송을 하는 것이 아니라, 인도명령신청을 하여 판사의 한마디를 구하는 것이다. 개인이 권리를 인정받아 강제집행을 하려면 국가의 한마디가 필요하기 때문이다. 그 한마디가 바로 '인도명령결정문'이라는 것으로 나오게 되는데, 해당 인도명령결정문이 나오면 신청자인 낙찰자와 명도에 불응하고 있는 전 소유자에게도 통지가 된다. 이 인도명령제도는 분쟁이 아닌 확인절차에 가깝기 때문에 평균적으로 2주면 결정문이 나오게 된다. 소송은 최소 몇 개월이 걸리지만 말이다.

이 인도명령결정문을 집행권원으로 하여 언제든지 우리는 명도의 끝을 강제집행으로 결정할 수 있게 된다. 그러면 왜 첫 단추를 이렇게 인도명령신청이나 소송으로 나누어야 할까? 절차상 가장 유리한 방법으로 진행하기 위해서다.

인도명령신청사건이라면 낙찰 후 잔금납부 시 함께 인도명령신청도

해서 최대한 빠른 시일 안에 결정문을 받아두고 해당 가이드라인대로 가야 한다. 잔금납부를 한 후 6개월이 지나서도 인도명령결정문(잔금납부 후 6개월이 지나면 인도명령신청을 못함)을 쥐고 있지 않는다면 인도명령신청을 할 수 없게 되고, 결국 소송으로 먼 길을 돌아 비용까지 들여야 하기 때문이다.

인도명령의 대상자는 권리 없이 해당 부동산을 불법적으로 점유하고 있는 모든 대상이라고 보면 된다. 이때 권리가 없다는 말은 한 사람의 개인의 생각이나 추정이 아니라, 그 누가 보아도 완벽한 근거로 없어야 한다. 예를 들면

① 주택임대차보호법상 전입신고 혹은 미점유 사유로 인해 대항력이 없는 임차인. 대항력 없는 임차인은 낙찰자에 대한 대항력이 없기 때문에 낙찰자가 잔금납부를 한 이후부터는 불법점유자가 된다.

② 선순위임차인이지만 법원에 자신의 보증금에 대한 배당요구를 하여 전액 배당을 받았을 경우, 보증금을 전액 받으면 계약기간과 관계없이 나가겠다는 의사표시를 한 것이므로 대항력이 없다.

③ 선순위임차인이 배당요구를 했어도 경매낙찰가가 너무 낮아 1등 배당자인 선순위임차인의 배당금이 보증금에 전부 미치지 못한 경우, 낙찰자가 나머지 부족한 배당금을 인수하여 임차인에게 주면 인도명령제도의 대상이 된다.

④ 이미 과거에 유치권부존재소송에서 원고 승소로 유치권자가 패소한 판결문이 있는 경우, 해당 유치권자는 역시나 인도명령대상자일 뿐이다.

이러한 판단들은 입찰 전부터 계산되어야 실제 명도 시 어떤 상황이 오더라도 흔들리지 않고 뚝심 있게 정해놓은 가이드라인대로 빠르게 정리할 수 있게 된다. 투자에서 시간은 매우 중요한 것이기 때문이다.

2. 소송

앞에 한 음식이 있다. 그런데 A는 이것이 단팥빵이라고 주장하고, B는 단팥떡이라고 주장을 한다. 그런데 아무리 보아도 빵인지 떡인지는 바라보는 시각에 따라 의견이 분분하다. 이때 분쟁을 해결해달라고 판사 앞에서 서로 주장을 하고 판결을 구하는 것이 바로 소송이다.

경매를 하기 전 입찰 후 명도할 때 인도명령신청으로 정리될 수 있는지, 소송으로 정리될 수 있는지에 대해 생각해보는 것은 대단히 중요하다. 소송으로 명도를 해결된다면 인도명령신청과 준비하는 방법이 완전히 달라진다. 완벽한 근거를 손에 쥐고 있어야 한다.

즉, 상대가 주장할 수 있는 모든 상황에 대비하여 법과 논리로 맞대응할 수 있는 준비를 하고 있어야 한다. 나아가 소요될 시간과 비용 대비 가치가 있는 물건인지 확인해야 하고, 만약 패소를 하더라도 그 피해가 낙찰가와 시간 대비 손해가 되는지 아니면 본전 이상은 할 수 있는

지도 따져봐야 한다.

경매투자를 한다면 명도에 대한 가이드라인을 미리 짜고 모든 상황에 대비하여 낙찰가 산정 시 반영까지 할 수 있을 정도는 되어야 경매투자 시 배보다 배꼽이 더 크다는 끔직한 말을 입에 올리지 않을 수 있을 것이다.

제9법칙
농지취득자격증명제도의 모습

전·답 토지 농지취득자격증명서 발급 여부를 두고 울고 웃는 아이러니한 상황이 벌어질 수 있다. 여기에 대해 알아보자.

대한민국에는 농지취득자격증명이라는 제도가 있다. 농지취득자격 증명은 농지소유자격과 소유상한을 심사받아 농지소재지를 관할하는 읍사무소나 면사무소에서 발급받는 것이다. 이 제도의 취지는 토지거 래허가구역과 마찬가지로 투기꾼들이 농지를 취득한 후 농사를 짓지 않는 일이 많아지면 국내 쌀 생산량이 줄어들어 가격이 폭등하는 것을 예방하기 위함이다.

경매계에서는 지목 전(밭)이나 답(논)인 경우 현황과 관계없이 농지 취득자격증명서를 일주일 안에 첨부하여 제출하도록 되어 있고, 제출 이 되지 않을 시 매각불허가사유로 허가가 나지 않음과 동시에 입찰 당시 제출한 최저입찰가의 10%인 입찰보증금이 몰수되어 버린다.

여기서 초보자들은 단순히 '뭐, 낙찰받고 바로 농지 관할 읍사무소나 면사무소 가서 발급받으면 되지~'라고 생각할 수도 있다. 만약 해당 농지 위에 건축물이 있거나 무허가 불법시설물이 있으면 농지취득자격증명 신청서는 반려된다. 지목상 농지라도 건축물이 있으면 실제로 농사를 지을 수 있는 토지가 아니라고 판단하는 것이다.

하지만 문제는 법원 경매계에서 이를 받아들이지 않고, 지목이 농지인 이유만을 두고 일주일 내 제출하지 않으면 입찰보증금 몰수에 매각불허가가 되어버리는 현실이다. 이에 대해 이의를 제기해도 농지법상 농지취득자격증명에 대한 별다른 법률이 없기 때문에 경매계에서는 어쩔 수 없는 노릇인 것이다.

그럼 우리는 어떻게 해야 할까? 입찰 전 반드시 농지 관할 면사무소를 찾아가 농지취득자격증명 발급이 가능한 경매사건인지 확인해야 한다.

간혹 농지취득자격증명(이하 농취증)이 필요하지 않은 농지 즉, 현황상은 이미 건축물이 있고 대지화된 토지라 반려사유에 '현황상 대지로서 농지취득자격증명 불필요'라고 적어주는 경우도 있다. 이것을 경매계에 제출하면 농취증 불필요 조건의 토지라는 것이 확인되어 받아들여질 수도 있다.

지목이 농지라도 현황은 대지인 토지임에도 불구하고 농지취득자격증명 제출을 요할 경우, 낙찰받고 농취증 반려 후 매각불허가가 되면 즉시 행정소송을 하는 방법이 있다. 현황상 대지화 되고 지목만 농지인 토지이기 때문에 당연히 면사무소에서도 농지취득자격증명이 필요 없는 이유로 발급이 안 되는데, 경매계에서는 농지취득자격증명을 요하며 입찰보증금을 몰수한다면 경매계와 면사무소 두 기관의 고집에 입찰자만 돈 잃고 바보 되는 꼴이지 않은가? 행정소송까지 가면 해당 토지를 온전히 농지취득자격에 대한 발급이 필요 없이 소유가 가능해질 수도 있다. 하지만 소송의 과정을 포함한 분쟁 과정이 부담이 된다면 꼭 반드시 입찰 전 농지취득자격증명서 발급에 대한 여부를 미리 확인하도록 하자.

(제10법칙)

법정지상권 1

법정지상권 성립 여부에 따른 수익 내기

(건물과 토지만 경매 매각 시)

조금만 알면 가장 매력적이고 안전한 투자이자, 조금만 모르면 독가시가 되어버릴 수 있는 투자가 법정지상권 특수권리이다.

법정지상권은 '법률로 정한 조건'에 충족될 시 건물소유자에게 토지를 사용할 수 있는 권리를 주는 것이다. 법정지상권에 대해서 잘 모르면 '보통은 임대차처럼 계약해서 사용하는데 왜 저런 권리가 필요하고, 어떻게 수익을 낼 수 있는 거지?'라고 생각할 수도 있는데 경매라는 제도가 개입하는 순간 해당 권리의 존재 이유를 실감하게 된다.

예를 들어 甲돌이의 땅에 甲돌이가 건물을 지어서 잘 사용하고 있다. 이때 먼저 알아야 할 것이 땅과 건물은 전혀 별개의 자산이고 별개의 부동산이라는 점이다. 땅과 건물을 무조건 일체의 부동산으로 인식하시는 분들이 있어서 노파심에 언급한다.

이 전제하에 甲돌이의 채무 상태가 좋지 않아지면서 빚쟁이가 되었고, 채권자가 甲돌이의 토지 또는 건물만 경매로 진행시킨다면 법원 배당을 통해 자신의 채권을 얼마든지 변제받을 수 있다. 이때 甲돌이의 토지만 경매로 진행되어 乙순이가 낙찰받았다고 가정해보자. 이제 토지 소유자는 乙순이이고, 토지 위에 건물소유자는 여전히 甲돌이이다. 토지소유자와 건물소유자가 서로 달라졌다.

이 둘은 서로 지상권(땅을 사용할 수 있는 권리, 즉 임대차계약과 성격이 비슷하다.) 설정계약을 한 적이 없다. 그렇다면 건물을 철거해야 하는가? 무조건 철거를 해야 한다면 건물의 경제적 가치가 훼손되는 것이고, 이는 국가적 손실로 이어진다. 자연히 '서로 약속을 한 적도 없는데 건물을 사용하게 해주는 대가로 지(地)료는 얼마를 받아야 하는가?' 등의 문제가 생기기 마련이다.

이때 법은 민법 제366조를 통해 일정 조건에 충족이 될 시 법정지상권이라는 권리를 건물소유자에게 주고 법정지상권이 성립한다면, 지료에 대한 문제는 원칙적으로 협의를 시도해보고 되지 않을 시, 판사는 감정평가사에게 토지감정을 의뢰하여 해당 토지를 건물소유자가 지배하고 있는 만큼의 지료를 산정하여 지료를 내도록 하게 한다.

만약 법정지상권이 성립하지 않는다면?
→ 건물은 철거 대상이 된다.

그렇다면 우리가 투자자 입장에서 甲돌이의 토지경매물건을 입찰할 때 법정지상권이 성립하는 것이 좋은가? 아니면 법정지상권이 성립하지 않는 것이 좋은가?

→ 당연히 법정지상권이 성립하지 않는 것이 유리하다.

1. 법정지상권이 성립하지 않은 경우

토지를 낙찰받은 후 토지에 대한 법정지상권 부존재소송을 하게 된다. 이때 근거는 민법 제366조에 의하여 조건들이 부합하지 않는다는 내용으로 승부를 한다. 부존재소송에서 승소하면, 건물철거확인판결문을 받아야 한다. 건물에 대해 법정지상권이 성립하지 않으니 당연히 이를 근거로 건물철거소송을 통해 판결문을 받아야 하지 않는가.

이러한 경우 필자는 우선 법정지상권 부존재확인판결문만을 받아둔 상태에서 상대에게 건물 철거를 요구한다. 이때 건물소유자는 순순히 자신의 돈을 들여 철거하지 않을 것이 불 보듯 뻔하다.

하지만 이 순응하지 않는 시간에도 토지 위에 법률상 원인 없이 건물을 사용함으로써 토지소유자의 토지 사용 및 수익의 권능을 방해하고 있는 것이며, 불법점유 상태가 되는 것이다. 즉, 건물소유자에게는 토지소유자가 경매로 낙찰받아 잔금납부를 한 그 시점(소유자권자가 된 시점)부터 지속적으로 지료에 갈음하는 부당이득반환채권이 쌓이고 있는 것이다.

일정기간이 지나면 토지에 대한 부당이득반환청소송을 한다. 그렇게 되면 판사는 부당이득반환금을 계산하여 채권확인판결문을 내 손에 쥐어줄 것이고, 내게 있는 채권을 통해 현 건물을 경매 진행시킬 수 있다. 왜 경매 진행시킬 수 있냐고? 나의 채권을 변제받기 위해 상대방의 자산을 매각하여 매각대금에서 채권회수를 하는 것은 당연한 이치이고 법률적으로 유일한 방법이기 때문이다.

내가 이미 법정지상권부존재 확인판결을 받아둔 상태에서 건물만 경매로 나왔다. 이것은 언제든 내가 건물을 철거시킬 수 있다는 이야기이므로, 현 건물경매에서 그 어떤 투자자도 건물만 경매에서 입찰하지 않을 것이다. 왜냐고? 내가 건물을 낙찰받자마자 곧 휴지가 될 수도 있는데 미치지 않고서야 이런 어리석은 선택을 할 정상인은 없기 때문이다.

이때 나는 건물만의 경매가 감정가 대비 10%로 최저입찰가능금액이 떨어질 때까지 기다렸다가 낙찰받으면 된다. 그럼 나는 위에 건물이 있다는 특수성 때문에 토지는 시세 대비 50%대, 건물은 10%대에 낙찰받아 토지와 건물을 하나의 온전한 상품가치 있는 부동산으로 소유하게 되는 것이다.

나아가 나의 부당이득반환채권을 배당받기 위해 건물경매를 진행시킨 것이므로, 나의 부당이득반환채권 금액만큼을 건물입찰가로 결정하면 잔금은 한 푼도 내지 않고 건물을 소유할 수 있다. 내가 받아야 할 채권이 100만 원인데 내가 100만 원에 낙찰받으면 이 돈은 어차피 다시 내게 배당이 떨어질 것이기 때문에 그런 번거로움을 없애고, 상계처리가 되는 논리이다.

이 논리를 바탕으로 예를 들어 수익을 계산해보자. 2억짜리 토지를 1억에 낙찰받았고, 3억짜리 건물을 3000만 원에 낙찰받았다. 그리고 3000만 원은 나의 경매신청 채권금액과 같기 때문에 상계처리가 되었다고 가정하자. 이때 경제학적으로 시간적 측면은 계산을 뒤로 하고, 단순 계산을 하면 내가 투입한 금액은 1억이고, 그 투자금을 통해 보유하게 된 자산은 토지와 건물을 정상 가치로 5억이 된다. 1억으로 5억의 자산을 보유하게 되는 투자의 그림이 나온다.

좀 더 자세하게 들어가 건물을 경매로 처분할 수 없는 경우 어떻게 수익을 낼 것인가? 평당 100만 원을 잡고 건물을 철거한 후 나대지 상태로 토지를 매매해도 충분한 수익이 된다. 하지만 법정지상권이 성립해도 얼마든지 수익을 낼 수 있다. 어떻게 수익을 낼 수 있는지 알아보자.

2. 법정지상권이 성립하는 경우

이것은 실패한 투자인가? 아니다.

내가 만약 토지를 감정가 대비 50%에 낙찰받았다 가정하면 즉시 건물소유자를 상대로 지료청구소송을 하는 것이다. 법정지상권이 성립하면 5년, 15년, 30년 단위로 설정이 되는데 건물은 대부분 30년으로 보면 된다. 그럼 이 30년 동안 지상권자로 남의 토지를 무상으로 사용한다? 당연히 그것은 아니기 때문에 소송을 통해 지료판결을 받는다. 이때 감정평가사를 다시 동원하게 되는데 감정평가사들의 감정평가요율표를 보면, 감정평가금액 대비 대지의 경우 연 4~5%, 전 또는 답의 경우는 3~4%, 임야의 경우는 약 2%로 산정되어 있다.

토지 위에 얽혀 있는 권리(법정지상권 성립)의 특수성 때문에 감정가 대비 대지를 50%에 낙찰받았다면 감정가 대비 대지의 지료는 연 5%까지 가능하게 된다. 그럼 나의 연 지료수익률은 5%인가? 아니다. 나는 감정평가금액이 아니라, 감정평가금액의 50%에 낙찰받았다. 내 투자금은 절반인 셈이니까 연 지료수익률은 그에 반비례하여 5%가 아닌 10%가 되는 것이다.

요즘 시대에 현금으로 부동산을 소유하고 30년 보장받아 연 10%의 임대수익률을 올릴 수 있는 자산이 흔한가? 아니, 많이 없다. 이러한 측면에서 굉장히 유리한 투자임에 틀림없다. 이때 지료를 꼬박꼬박 주면 감사히 받을 것이고, 지료를 2년간 연체하면 형성권이라는 토지낙찰자에게 권리가 생긴다. 토지소유자가 건물소유자에게 "너 법정지상권 소멸했다!" 하는 순간 즉시 법정지상권이라는 권리는 건물소유자의 곁에서 사라지게 되는 것이다. 법률적 효력을 위해 판사의 법정지상권부존재 확인 판결만 꽝! 꽝! 꽝! 받으면 다시 법정지상권이 없는 철거대상의 건물이 되고, 연체된 지료연체금액을 이유로 다시 건물을 경매 진행하여 앞서 소개한 방식으로 수익을 거둘 수 있게 된다.

여기서 우리가 꼭 기억해야 할 것이 있다. 투자 시 이론적으로는 고수지만 실무 경험이 없어 놓치는 부분이다.

이런 상황에서 공부 조금 해보신 분들이 이런 질문을 하신다.

"건축허가권이 있으면 해당 건물소유자로부터 승계(건물 전 소유자의 양도 및 동의서 필요)받아야 하는데 이걸 해줄까요?"

'건축법 시행규칙 11조'를 보면 단서사항으로 소유자가 바뀌었다는 객관적 자료만 있다면 신고사항으로도 건축허가권은 승계가 된다고 적혀 있고, 민사집행법상 경매를 통해 낙찰받은 후 받은 매각대금완납증명서가 객관적 소유권 변동의 근거가 될 수 있다는 '판례'가 있으므로 전 건물소유자의 동의는 필요 없다. 이걸 잘 몰라서 전 건물소유자에게 상식 이상의 돈을 뜯겨가며 허가권을 받기도 하는데 뭐든지 알아야 한다.

모르니까 이런 질문을 하는 것이다. 잘 생각해보자. 건축허가권이 있기 때문에 건물에 대한 대위등기를 하여 경매로 낙찰받은 후 정상적인 소유권이전등기를 소유하였는데, 무슨 이유로 건축허가권을 굳이 승계 받는다는 것인가. 재산권 행사에 전혀 관계가 없어지는 조건이 되었는데 말이다. 다만, 건물이 건축 중이라면 예외가 될 수 있다.

(제11법칙)

법정지상권 2

건물만 경매의 매력과 허

(건물과 토지만 경매 매각 시)

토지만 경매에 나온 것이 아니라, 토지 없이 건물만 경매가 진행될 시 낙찰가는 전자의 경우보다 더 한없이 떨어지면서 고수로 갈 수 있는 길이 보인다!

이번에는 토지만 경매 매각이 아니라, 토지는 대상에서 제외하고 건물만 경매가 된 경우의 투자기술을 공개하려 한다. 이 투자방법은 경매로 방귀 좀 뀐다는 사람들도 선뜻 다가가지 못하고, 외면하는 유형이기 때문에 경매 입찰가가 지하세계를 뚫을 만큼 떨어진다. 예를 들어 3억짜리 물건이면 2000만 원에도 구입을 할 수 있는 기회가 된다. 그런데 왜 이렇게 입찰가가 떨어질까? 중요한 포인트만 제대로 분석해낸다면 무지막지한 수익을 아주 안정적으로 누리다가 마지막에는 홈런까지 칠 수 있는 것이 바로 건물만 매각이다.

이제 하나씩 베일을 풀어보자. 먼저 입찰가가 그토록 왜 떨어질까를 생각해보자. 바로 법정지상권이 성립하지 않으면 건물은 철거 대상이고, 내가 투자한 금액이 흐르는 강가에 지폐를 뿌린 것과 같이 사라져 버리기 때문이다. 또 기본적으로 토지 위에 건물이 있는 것이고, 무엇이든 토지가 먼저라는 강한 관념이 함께 작용하여 외면을 받기 십상이다. 하지만 바로 이런 건물에서 입찰 전 딱 2가지만 정확히 분석해내면 금상첨화 복덩어리로 변신할 수 있다.

1. 묻지도 따지지도 말고 법정지상권의 성립 여부를 먼저 분석해본다.

보통 경매를 통해 토지소유자와 건물소유자가 서로 달라지는 경우 민법 제366조의 조건에 부합하지 여부를 따져본다.

〈민법 제366조 (법정지상권 성립을 위한 요건)〉

　1. 토지와 건물이 동일 소유자에서 출발할 것.

　2. 저당권 설정 당시 건물이 존재하였을 것.

　3. 저당권 실행에 의한 경매로 인하여 어느 한쪽 소유자가 달라졌을 것.

위 조건이 시간적 순서대로 반드시 일치해야만 법정지상권이 성립한다.

토지와 건물이 경매 진행 전 동일 소유자가 아닌 상태에서 어느 한쪽이 경매진행이 되었다?

　→ 법정지상권 아웃!

저당권 설정 당시 건물이 없었다?

　→ 법정지상권은 아웃!

2. 건물의 상업적 가치가 있어야 한다.

반드시 내가 투자한 금액 대비 수익률이 매월 꼬박꼬박 부가가치로 발생되어야 한다. 예를 들어 감정가 10억짜리 모텔을 2억에 낙찰받아 운영한다고 가정을 해보자. 목이 괜찮은 자리에 룸 40개만 있어도 월 5000만 원~1억 사이의 매출을 올릴 수 있다. 상권분석을 잘하여 월 1억의 매출을 올린다면 그중 절반이 현금 매출이기 때문에 매월 부가가치는 상당하게 된다.

법정지상권이 성립하다는 전제하에 지료를 낸다고 해도 그 지료는 내가 올리는 부가가치에 비교하면 인심 써서 2~3배도 내줄 수 있을 만큼 부담이 없다. 만약 모텔 운영에 대한 시간 혹은 자신감이 없다면, 모텔 그 자체를 임대해 줘도 된다. 10억짜리라면 보증금 2억에 월 1500~2000만 원 월세도 가능하다. 그럼 편안하게 2억의 투자금으로 매월 2000만 원, 1년이면 2억 4000만 원으로 나의 투자금을 회수하고도 남는다. 모텔을 직접 운영한다면 두 달 만에도 나의 투자금을 회수하고도 남을 수 있다.

이렇게 충분한 수익을 30년 간 유지하다가 30년 뒤에는 토지소유자에게 '지상물매수청구권'을 행사하는 것이다. 지상물매수청구권을 토지소유자에게 행사하는 순간 이 역시 형성권이라는 괴물이 등장하여 행사 동시에 토지소유자는 해당 건물을 매수해야 할 의무를 법적으로 갖게 된다. 이 매수금액은 법률적으로 최초에 건물경매 낙찰 시의 시세로 매입하게 되어 있으니, 인플레이션을 감안하면 작은 홈런 정도로 마무리되는 것이다. 모텔뿐이랴? 수많은 상가, 창고, 공장 무엇이든 좋다. 누군가에게 임대를 주거나 운영을 하여 부가가치를 올릴 수 있다면 상상 초월의 수익을 올릴 수 있다.

딱 2가지다. 법정지상권 성립 여부와 상권분석! 이때 법정지상권의 성립 여부는 법조항에 맞추어 객관적은 근거를 들고 있어야 한다. 소송에서 판사가 보자마자 '아, 법정지상권 성립하는구나!' 이렇게 말이다. 해당 건물의 법정지상권 성립 여부를 찾는 방법은 실무자의 실력마다 차이가 많이 난다.

법적지상권 성립 여부 찾기

해당 건축물의 건축허가 날짜를 확인하고 토지의 저당권설정일을 확인하여 비교해본다. 건축허가 날짜가 저당권설정일보다 늦는다면 저당권 설정 당시에 건물이 없었다는 것을 반사적으로 근거하는 것이고, 저당권설정자가 저당권설정과 함께 지상권을 설정해두었다면 이 또한 저당권 설정 당시 건물이 없었을 가능성이 매우 커진다. 은행이 지상권을 설정하는 이유는 나대지를 담보로 대출을 해주는데 미래에 건물을 짓는다면 채무변제가 되지 않을 시 토지 경매에서 입찰자가 적어 낙찰가가 떨어지고 그 낙찰가가 자신이 받아야 할 금액보다 낮아 은행에 부실채권이 발생하기 때문이다. 이에 지상권을 설정하여 토지소유자가 건축행위를 하려고 할 시 지상권자인 은행의 동의를 필요로 하게 만든 것이다.

이러한 근거로 확실해졌다면 낙찰받은 후 토지소유자가 건물철거 소송을 하거나 법정지상권 부존재소송을 걸어왔을 시 건물소유자인 나는 은행에게 '사실조회신청'을 하여 은행이 대출 당시 감정을 하기 위해 현장을 촬영했던 사진을 요구하면 된다. 은행이 토지대출 당시 감정을 위해 촬영한 시점의 사진에 건물이 찍혀 있다면, 그 사진만으로 저당권 설정 당시 이미 건물이 있었다는 완벽한 빼도 박도 못하는 근거가 될 것이기 때문이다.

그래서 저자는 법정지상권의 대한 기술을 깊이 파고들어 상대적으로 더 많은 공부를 하였고, 실제로 매월 투자를 하고 있다. 여러분도 조금 더 법정지상권에 대한 지식을 높이고자 한다면 우리옥션 회사 홈페이지에서 저자의 온라인강의를 통해 좀 더 깊이를 채워 실전투자를 해보기를 바란다. 단 한 번의 실수도 속절없이 휴지가 되어버리기 때문에 가슴 떨리기도 하지만, 내가 확실하다면 훌륭한 투자가 될 것이라고 자부하고 싶다. 끝으로 즉흥적으로 현재 시점에서 건물만 경매매각 물건들이 얼마나 많이 유찰되어 진행되고 있는지를 실감나게 펼쳐 보이려한다.

원주3계 2016-518 (창고)

과거사건	원주 2012-7634				
소 재 지	강원 원주시 신림면 신림리 28,29-2 [도로명주소]				
경매구분	강제경매	채 권 자	임인섭		
용 도	창고	채무/소유자	보리수산삼영농조합법인	매 각 기 일	17.07.31(월)10:00
감 정 가	389,961,000 (16.03.04)	청 구 액	600,000,000	다음예정	17.09.04 (15,737,000원)
최 저 가	22,481,000 (6%)	토지면적	0.0 ㎡ (0.0평)	경매개시일	16.02.01
입찰보증금	10% (0원) (최저가의)	건물면적	787.8 ㎡ (238.3평)	배당종기일	16.04.29
주의사항	·재매각물건 · 건물만입찰 [특수件분석신청]				

홍성3계 2016-5217 (점포)

과거 사건	홍성2계 2014~4081				
소 재 지	충남 홍성군 서부면 어사리 732-13 [도로명주소]				
경매구분	강제경매	채 권 자	김상화		
용 도	점포	채무/소유자	김유희	매 각 기 일	17.07.25(화)10:00
감 정 가	**72,704,330** (16.09.01)	청 구 액	2,159,010	다 음 예 정	17.08.29 (5,988,000원)
최 저 가	**8,554,000 (12%)**	토지면적	0.0 ㎡ (0.0평)	경매개시일	16.08.01
입찰보증금	10% (855,400)	건물면적	전체 298.2 ㎡ (90.2평) 제시외 94㎡ (28.3평)	배당종기일	16.10.31
주의사항	· 건물만입찰 [특수件분석신청]				

평택5계 2015-42368 (공장)

소 재 지	경기 평택시 청북읍 한산리 837-1 [일괄](주)TS퓨어셀시스템 B동호, (주)TS퓨어셀시스템 C동호, (17792) 경기 평택시 청북읍 한산길 35 (구: 경기 평택시 청북면 한산리 837-1)		
경매구분	임의경매	채 권 자	유디제오차유통화전문 유한회사(한국산업은행의 승계인)
용 도	공장	채무/소유자	그랜드텍/유니다임아시아	매 각 기 일	**17.07.24(월)10:00**
감 정 가	2,255,876,110 (15.10.29)	청 구 액	2,700,000,000	다 음 예 정	17.09.11 (265,401,000원)
최 저 가	379,145,000 (17%)	토지면적	0.0 m² (0.0평)	경매개시일	15.10.13
입찰보증금	20% (75,829,000)	건물면적	전체 4,299.8 m²(1,300.7평) 제시외 406 m²(122.8평)	배당종기일	16.01.04
주 의 사 항	·재매각물건 ·건물만입찰 특수件분석신청		

제12법칙
임차인분석의
절대법칙

경매물건에 임차인이 존재하면 숙명적으로 권리분석을 해보아야 한다. 만약 이를 간과하거나 무시한다면 낙찰 후 뼈아픈 손해를 보게 될 것이다. 임차인의 보증금을 낙찰자가 인수해야 한다면 상상이 될 것이다.

임차인의 종류 중에는 토지임차인도 있지만 토지임차인은 별론으로 하고, 이번에 다룰 것은 우리가 흔히 주택과 상가 경매물건에서 만나는 주택임차인과 상가임차인이다. 만약 경매물건을 검색하는 중 마음에 드는 물건을 발견했는데, 전입신고를 하고 법원에 권리신고를 한 임차인이 있다면 주택은 '주택임대차보호법'에, 상가는 '상가임대차보호법'에 맞추어 대항력의 유무를 확인해야 할 것이다. 여기에서 무엇을 기준으로 분석해야 할까?

〈주택임차인〉

주민등록이전(전입신고) + 주택인도(점유)를 갖춘 날로부터

 그 익일 0시에 대항력 발생

〈상가임차인〉

사업자등록 신청일 + 상가인도(점유)를 갖춘 날로부터

그 익일 0시에 대항력 발생

 위와 같은 기준으로 대항력이라는 것이 임차인에게 주어지는데, 법원 경매에서는 추가적으로 경매낙찰자에 대한 대항력을 다시 기준으로 두고 분석해야 한다. 경매대상 부동산의 '말소기준권리'를 찾아 말소기준권리보다 앞서서 대항력을 갖추었을 때에만 경매물건에서 선순위임차인이라고 불리고, 그러했을 때에만 낙찰자가 임차인의 보증금을 인수한다. 그 외 후순위 임차인의 경우는 원칙적으로 낙찰자가 보증금을 인수하는 것이 아니라 단순 명도의 대상이 될 뿐이다.

 여기서 더 나아가 이야기해보자. 법원경매개시결정등기가 나면 법원의 집행관은 현장에 나가 주택임차인(점유자)인 경우 언제 전입신고와 확정일자를 갖추고, 보증금과 월세는 얼마인지 등을 물어보고 임차인의 진술을 그대로 현황조사보고서에 적게 된다. 그와 함께 별도로 법원은 임차인에게 임대차계약서 외에 필요서류를 제출하고 권리신고를 하라고 통지한다.

 그러다 보니 경매정보사이트에서 법원의 '매각물건명세서'를 보면

임차인에 대한 내역이 동명이인으로 정보출처가 '현황조사'로 시작되는 것과 '권리신고'로 시작되는 것 2가지가 있다.

어떤 것을 기준으로 말소기준권리보다 앞서 대항력을 취득하였는지 확인해야 할까?

→ '권리신고'가 정보출처인 것으로 분석해야 한다.

다음 사진을 보자.

- 의정부지방법원 2016-■■■■ ■■■ 매각물건명세서 -
경기 양주시 고읍동 440 산내들마을 한양수자인 ■■■ ■■-■■■

사건	2016타경15139		매각물건번호		1		담임법관(사법보좌관)		
작성일자	2016.10.21		최선순위 설정일자		2012.7.12. 근저당권				
부동산 및 감정평가액 최저매각가격의 표시	부동산표시목록 참조		배당요구종기		2016.09.05				

점유자의 성명	점유부분	정보출처 구분	점유의 권원	임대차 기간 (점유기간)	보증금	차임	전입신고일자. 사업자등록신청 일자	확정일자	배당요구 여부 (배당요구 일자)
김연■	603호	현황조사	주거 임차인	2012.07.16.~	1억천만원	없음	2012.07.16		
	전부	권리신고	주거 임차인	2010.7.26. 부터	120,000,000		2012.7.16.	2012.7.13.	2016.06.29

〈비고〉

※ 최선순위 설정일자보다 대항요건을 먼저 갖춘 주택.상가건물 임차인의 임차보증금은 매수인에게 인수되는 경우가 발생할 수 있고, 대항력과 우선 변제권이 있는 주택.상가건물 임차인이 배당요구를 하였으나 보증금 전액에 관하여 배당을 받지 아니한 경우에는 배당받지 못한 잔액이 매수인에게 인수되게 됨을 주의하시기 바랍니다.

※ 등기된 부동산에 관한 권리 또는 가처분으로 매각허가에 의하여 그 효력이 소멸되지 아니하는 것
해당사항 없음

※ 매각허가에 의하여 설정된 것으로 보는 지상권의 개요
해당사항 없음

※ 비고란

위 매각물건명세서를 보면 정보출처 구분(현황조사/권리신고)에 따라 임대차기간과 보증금이 모두 다르다. 무조건 '권리신고가 정보출처인 것'으로 분석을 시작해야 한다. 현황조사의 경우는 집행관이 상대를

만나 귀로 들은 것을 기록한 것이고, 권리신고는 실제 서류와 근거를 제시하여 신고된 기준이기 때문이다.

만약 현황조사 내용만 있고 권리신고가 없다면? 이때는 당연히 현황조사 기준으로 분석하면 된다. 위 물건으로 간단히 임차인분석을 해보면 다음과 같다.

등기권리	권리자	등기일자	말소여부	비고
근저당권	국민은행	2012-07-12	말소	말소기준권리
가압류	신용보증기금	2016-03-24	말소	
임의경매	국민은행	2016-06-15	말소	경매기입등기

등기권리상 말소기준권리 날짜는 2012년 7월 12일이다. 다시 매각물건명세서를 보자. 임차인의 권리신고 내용을 보았을 시 대항력은 언제부터 발생했는가? 2012년 7월 16일이기 때문에 2012년 7월 17일 0시에 대항력이 발생하였고, 말소기준권리보다 늦게 대항력을 갖추었기 때문에 당연히 대항력이 없는 후순위임차인이 된다. 후순위임차인의 경우는 낙찰자가 보증금을 인수하지 않는다.

다음은 선순위임차인이 있는 매각물건명세서이다.

대전 유성구 지족동 874 열매마을3단지 ▒▒▒▒ ▒▒▒

사건	2014타경15033			매각물건번호	1		담임법관(사법보좌관)		이종우
작성일자	2016.08.05			최선순위 설정일자		2012.9.28. 근저당권			
부동산 및 감정평가액 최저매각가격의 표시	부동산표시목록 참조			배당요구종기		2015.04.15			

점유자의 성명	점유부분	정보출처 구분	점유의 권원	임대차 기간 (점유기간)	보증금	차임	전입신고일자. 사업자등록신청 일자	확정일자	배당요구 여부 (배당요구 일자)
명양▒		현황조사	- 임차인				2013.04.29		
윤혜▒	전체	현황조사	주거 임차인	미상	185,000,000	미상	2012.06.29	받았다고는 하 나 확인할 수 없 으며, 날자는 미 상	

〈비고〉
명양▒ : 임차인 명양▒와, 윤혜▒은 부부사이로 동일세대 거주함. 윤혜▒ : 현황재조사보고서상에, "가사도우미의 도움으로 임차인 윤혜▒에게 전화상 문의"하였다고 기재됨.(권리
신고는 하지 않았으나, 진정한 임차인인 경우 대항력 있음)

이번 경우에는 권리신고가 정보출처인 것은 없고, 한 아파트 호수 내부부의 현황조사 시 진술내용이 전부이다. 내용을 보면 1억 8500만원의 보증금으로 점유하고 있으며, 명양○ 씨는 전입신고 날짜가 2013년 4월 29일이라고 진술을 했고, 집행관이 다시 찾아갔을 때 윤혜○ 씨는 전입신고 날짜가 2012년 6월 29일이라고 진술하였다. 그럼 말소기준권리를 보자.

등기권리	권리자	등기일자	말소여부	비고
근저당권	덕암[새]	2012-09-28	말소	말소기준등기
임의경매	덕암[새]	2014-07-01	말소	경매기입등기

말소기준권리는 2012년 9월 28일이다. 명양○ 씨의 진술내용대로 전입신고 날짜가 2013년 4월 29일이라면 대항력이 없기 때문에 보증금을 인수하지 않지만, 윤혜○ 씨의 진술이 사실이라면 2012년 6월 29일이 전입신고일이기 때문에 대항력이 발생하여 전액 인수해야 한다.

둘 다 현황조사 진술내용이기 때문에 누구의 말이 맞는지 모른다. 하

지만 조금 이상하지 않은가? 경매가 진행된다는 소식을 임차인이 전해 들었고 진술까지 했으면 당연히 법원에 자신의 보증금을 지키기 위해서 권리신고를 하지 않을까? 그런데 권리신고를 하지 않았고, 위 매각물건명세서 중앙 오른쪽 칸을 보면 배당요구일자 내에 보증금 배당요구도 하지 않았다?

어쩌면 명양○ 씨가 진술한 전입일자가 진실일지도 모른다. 그 이후 윤혜○ 씨는 대항력이 없는 것이 인정되면 자신들이 불리하기 때문에 허위진술로 2012년 6월 29일로 이야기했을 수도 있다. 그리고 일부로 권리신고를 하지 않고, 배당요구도 하지 않음으로써 경매정보지를 보는 사람들로 하여금 보증금 인수에 대한 압박과 두려움으로 아무도 입찰을 하지 못하게 하여 상당한 가격까지 유찰이 되었을 시 자신들이 저가에 낙찰받아갈 목적일 수도 있다고 본다.

하지만 추측만으로 입찰할 수는 없다. 만약 저 임차인세대가 권리신고를 하고 배당요구를 하였다면 최선순위임차인이기 때문에 해당 아파트 최근 낙찰사례로 낙찰가를 추이해 보았을 시 내가 낙찰받은 금액으로 임차인이 전액 배당받는다면, 선순위임차인이라도 전액 배당을 받았기 때문에 대항력이 상실되므로 낙찰자에게 집을 비워줘야 한다.

만약 저 임차인세대가 정말 선순위임차인이라면 빼도 박도 못하고 1억 8500만 원이라는 보증금 전액을 인수해야 하기 때문에 돈 벌려다가 패가망신할 가능성도 농후해진다. 지금까지 매각물건명세서를 두고서 무엇을 기준으로 어떻게 분석해야 하는지 다루어 보았다.

제13법칙

주물 따라 오는 종물의 법칙

경매 시 해당 물건에 대한 모든 것이 대상이 되지 않는다는 점은 여러분들도 잘 알고 있을 것이다. 예를 들어 아파트경매라면 해당 아파트 내 점유자의 살림살이들까지 내가 낙찰받은 것이라고 주장하지 않는다는 말이다. 부동산을 경매로 낙찰받았지 유체동산을 낙찰받은 것이 아니기 때문이다. 대개 상식선에서 잘 구분이 되지만, 잘 구분이 되지 않는 경우가 있다. **과연 이것까지 내가 낙찰을 받았다고 해야 하는 것인지, 내 것이 아닌지 말이다. 이때 주물과 종물의 개념을 알아야 하고, 이 개념을 미리 알고 판단하지 못하면 손해를 볼 수 있는 상황에 놓이게 된다.**

　주물과 종물에 대한 개념을 익혀 경매투자 시 한층 더 높은 깊이와 폭을 만들 수 있게 해드리고자 한다. 동시에 함정도 함께 이야기할 것이다. 먼저 주물과 종물에 대한 개념을 따져보아야 하는 경우에 대해 알아보자.

　예를 들어 주유소를 낙찰받았다. 그럼 주유소는 내 소유가 되는데, 주유기는 누구의 소유가 되는 걸까? 만약 주유소의 전 소유자가 낙찰받은 새로운 소유자에게 이렇게 말한다면?

"당신이 새로운 낙찰자이고 소유자가 되었으니까 주유소는 넘길게요. 하지만 주유기는 제가 가져갑니다. 그게 싫으시면 주유기를 저한테 구매하시던가요."

100명 중 99명은 이렇게 대답할 것이다.

"뭐라고요? 무슨 말도 안 되는 소리예요. 저는 이 토지를 낙찰받은 것이 아니라 주유소를 낙찰받은 것이고, 주유소를 낙찰받았으면 주유기는 당연히 제 소유가 된 것이죠."

내 말이 맞다면 이에 대한 근거가 있어야 되지 않는가? 주물과 종물의 개념부터 알자. 다음 물건의 사용방법에 따라 생각해보자.

배와 노, 자물쇠와 열쇠, 시계와 시계줄, 칼과 칼집

배를 산다고 가정해보자.
그럼 배의 '노'는 당연히 나의 것이지 않은가?
'노'는 배의 부합물로써 당연히 따라오는 것이다.
이때 배를 '주물', 노를 '종물'이라고 한다.

주물을 따라 종물도 함께 부합되어버리는 것이다.

칼을 산다고 가정해보자.

칼은 '주물', 칼집은 '종물(부속물)'이다.

어렵지 않게 이해가 될 것이다.

개념이 이해되었다면 다음 사진을 보자.

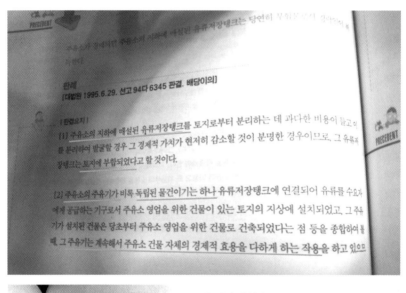

책《부동산경매실무 119》의 일부이다. 낙찰받은 주유소와 주유소 지하에 매립된 유류탱크의 관계에 대해 설명되어 있다. 지하에 유류탱크를 분리하는 것은 현실적으로 어렵고 분리 시 주유소의 경제적 가치가

심히 훼손되기 때문에 토지의 부합물로 본다는 내용이다. 토지의 부합물이라면 토지소유자 것이라는 결론이다. 즉 주유소를 낙찰받은 사람의 소유가 되는 것이다. 주유소는 '주물', 주유기는 '종물'로써 주유소의 처분에 따라 주유기는 당연히 따라간다는 이야기가 된다.

　주유소와 주유기의 관계에 대한 대법원 판례는 강사에게 교과서처럼 사용되는데 여기에도 함정이 있다. 만약 그 주유소의 주유기가 주유회사로부터 렌탈된 것이라면? 당연히 렌탈 회사는 수거해 가려고 할 것이다. 결국 하나의 논리와 판례만을 가지고 무적처럼 적용되는 것은 아니라는 것이다.

　부동산경매투자를 하면서 많은 판례를 알고 있다고 무조건 소송에서 승소하는 것도 아니고, 하나의 판례가 정확히 맞아떨어지는 것처럼 보여도 실제 분쟁을 하면 상황은 또 전혀 달라질 수도 있다. 그래서 공부하고 또 공부하는 것이다. 진짜 고수는 경매 전반이 아니라, 어느 한 특정 분야만을 날카롭게 파고들어 투자를 한다. 가장 자신 있는 분야이기 때문에 실수가 항상 적고, 수익도 지속적으로 올려 나간다는 점을 늘 잘 새기고 있어야 한다.

제14법칙

대지권미등기 부동산 분석의 중요성

우리가 보통 많이 하는 아파트경매에서 한 번씩 큰 실수를 하게 된다. 바로 '대지권미등기' 상태의 경매물건이다. 등기가 안 되었다고 소유권이 없는 것은 절대로 아니다. 등기는 형식주의를 취하고 있기 때문에 내가 대금을 낸 바로 그 시점부터 법률적으로 소유권자가 된다.

그럼 아파트를 사면서 건물만 사는가? 아니다. 땅 위에 건물이 있는 것이므로, 땅에 대한 권리가 있어야 건물도 온전히 유지될 수 있는 것이다. 그래서 보통 아파트를 매매할 때 한 동의 건물 아래 토지를 1/n로 함께 취득하고, 이것을 대지권으로 본다. 대지권미등기경매물건이 나왔을 때 조심해야 할 내용을 담아본다.

대지권

흔히 구분건물(집합건물)이라는 표현을 쓴다. 아파트, 빌라(다세대) 등이 대표적이다. 한 동의 건물에 각 호수마다 독립된 소유자가 점유하는 형태다. 이때 건물에 대해서만 소유권이 있는 것으로 온전해질 수 없다. 건물은 땅 위에 존재하고 있으므로 땅에 대해서도 사용할 수 있는 권리가 있어야 하기 때문이다. 그래서 한 동을 떠받친 토지를 1/n로 각 호수의 건물소유자가 나누어 갖는다.

이제 위험한 권리분석을 시작해볼까?

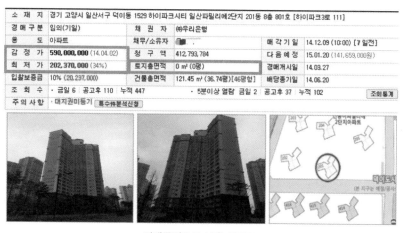

소 재 지	경기 고양시 일산서구 덕이동 1529 하이파크시티 일산파밀리에2단지 201동 8층 801호 [하이파크3로 111]				
경 매 구 분	임의(기일)	채 권 자	㈜우리은행		
용 도	아파트	채무/소유자	▮. .	매 각 기 일	14.12.09 (10:00) [7 일전]
감 정 가	590,000,000 (14.04.02)	청 구 액	412,793,784	다 음 예 정	15.01.20 (141,659,000원)
최 저 가	202,370,000 (34%)	토지총면적	0 ㎡ (0평)	경매개시일	14.03.27
입찰보증금	10% (20,237,000)	건물총면적	121.45 ㎡ (36.74평)[46평형]	배당종기일	14.06.20
조 회 수	· 금일 6 · 공고후 110 · 누적 447	· 5분이상 열람 금일 2 · 공고후 37 · 누적 102			조회통계
주 의 사 항	· 대지권미등기 [특수件분석신청]				

경매물건으로 나온 아파트

감정가 5억 9000만 원 아파트가 2억까지 떨어졌다. 초보자들이 '우와 ~ 웬 떡이야' 하며 모여들기 딱 좋다. 그런데 토지 총면적을 보니 0평이라고 되어 있다. 이것은 대지권이 등기되어 있지 않다는 뜻이다. 여기서 의문이 생긴다.

'대지권이 진짜 없어서 미등기 상태인 걸까? 대지권은 있으나 등기만 되어 있지 않은 것일까?'

왜냐하면 등기는 형식주의를 취하고 있기 때문에 권리의 존재 유무 (有/無)는 등기와 관계가 없다. 초보자는 대지권 유무를 알기 위해 감정평가서부터 볼 것이다. 허접한 이론만 전문가들이 감정평가서를 보라고 하기 때문이다.

토지 · 건물	배분내역
토 지 :	88,500,000
건 물 :	501,500,000
	₩590,000,000.—

감정평가서의 일부분

토지에 대한 부분을 88,500,000원으로 감정해 놓았다. 초보자는 이렇게 해석한다.

'감정평가는 경매매각 대상물에 대해서 하는 것이고, 토지에 대해 감정을 했다는 것은 낙찰 시 내 소유가 된다는 뜻으로 해석되니까 이건 현재 대지권이 있다는 뜻이네.'

이 초보자는 운이 좋으면 낭패를 보지 않을 것이고, 운이 나쁘면 낭패를 보게 될 것이다. 감정평가서에 대지권에 대한 감정이 있다고 해서 대지권이 있다는 뜻이 아니며, 구속력이 없어 매각불허가 사유도 되지 않기 때문이다. 즉, 대지권의 존재 유무를 따지는데 의미 있는 근거가 되지 못한다. 그리고 권리분석을 하다가 이것을 발견한다.

등기권리
소유권 유미옥 2011.09.22 전소유자:드림리츠
근저당 우리은행 일산후곡 2011.09.22 491,040,000
근저당 드림리츠(주) **?** 2011.09.22 156,480,000
질 권 농협중앙외1 코엑스기업금융 2011.09.22 156,480,000 드림리츠(주)저당질 권
압 류 고양시 2013.07.03 드림리츠(주)저당압 류
임 의 우리은행 여신관리부 2014.03.27 *청구액:412,793,784원
압 류 고양시일산서구 2014.06.16
채권총액 804,000,000원

등기권리관계 - 통합등기부

2순위 근저당권 설정자인 드림리츠(주)의 존재를 의심하여 등기부등
본을 보았다.

【 갑 구 】			(소유권에 관한 사항)	
순위번호	등 기 목 적	접 수	등 기 원 인	권 리 자 및 기 타 사 항
1	소유권보존	2011년4월14일 제50506호		소유자 드림리츠주식회사 110111-2115669 서울특별시 강남구 역삼동 707-34 한신인터밸리24 305호

등기부등본의 갑구

'옳거니!' 2순위 근저당권인 드림리츠(주)라는 회사가 분양사라는 것
을 알게 된 것이다. 그리고 이렇게 생각한다.

'드림리츠 분양사가 분양을 하기 위해 출생신고와 같은 보존등기를
먼저 해놓고, 분양받은 사람인 현 소유자에게 소유권이전등기를 해주
면서 잔금을 받았겠구나. 드림리츠 분양사가 근저당권설정을 했다는
것은 금전채권이 있다는 뜻이지. 하지만 말소기준권리보다 후순위권리
이기 때문에 낙찰받으면 권리가 말소될 것이고 경매를 통해 청산이 되
는 거니까 깔끔하게 인수할 금액 없이 대지권에 대한 등기를 요구할 수
있겠다. 안전한 물건이네.'

여기서 결론을 내버리면 막 초보딱지를 떼어 간다고 하는 초보자의
자부심은 무너지고 만다. 이 물건이 낙찰되면 1순위 근저당권인 우리
은행이 채권청구금액인 4억 1000만 원을 우선 배당받고, 그 다음 2순
위 드림리츠(주)인 분양사가 배당받는다. 하지만 낙찰가가 낮아 배당

금이 부족하여 2순위 드림리츠 분양사가 배당을 다 받지 못한다면? 물권이기 때문에 후순위 권리로써 등기부에서 소멸될 테지만 못 받은 금액만큼의 채권은 여전히 살아있다. 채권이 살아있기 때문에 낙찰자가 낙찰받고 대지권등기를 요구하였을 시 분양사는 동시이행항변권을 주장할 수 있다.

즉 분양사에게는 '대지권등기를 해줘야 할 의무'와 '돈을 받을 수 있는 권리'가 있다. 낙찰자에게 채권이 있는 것은 아니고 전 소유자에게 채권이 있는 것이지만, 어쨌든 돈을 받아야 대지권등기를 해주겠다고 주장할 수 있다. 동시에 낙찰자는 '대지권등기를 요구할 수 있는 권리'와 '전 소유자의 채무를 해결해줘야 할 의무'를 갖게 된다.

서로의 이런 이해관계는 동시에 이행할 의무를 지니고, 이것을 각자에게 동시이행 요구할 권리가 있기 때문에 '동시이행항변권'이라고 하는 것이다. 동시이행항변권은 아파트 매매할 때를 생각해보면 이해가 쉬울 것이다.

매도자 = 등기해줄 의무 + 매매대금을 받을 권리
매수자 = 등기 이전을 받을 권리 + 매매대금을 줄 의무
→ 동시이행관계

졸지에 낙찰받고 전 소유자가 드림리츠 분양사에 줘야 할 돈을 내주고, 대지권등기를 요구할 수밖에 없게 되는 것이다.

앞의 사례로 다시 돌아가보자. 감정가 5억 9000만 원짜리 아파트가

현재 2억까지 떨어졌다. 2순위 근저당권자인 드림리추(주)라는 분양사가 배당을 받기 위해서는 나의 입찰가가 1순위 근저당권자인 우리은행의 4억 1000만 원+약 1억 5000만 원 정도는 되어야 한다. 그럼 시세와 거의 같아진다. 그렇다고 낙찰가를 낮추면 드림리츠가 배당받지 못한 금액만큼을 인수하여 납부해주지 않는 이상 대지권등기도 가져올 수 없게 된다. 그래서 쉽게 '말소기준권리로는 전부 다 소멸하는 권리야~'라고 하면 큰코다칠 수가 있다.

물권과 채권에 대한 개념을 정확히 공부하고 알아야 한다. 그래서 민법은 경매 공부 시 빼놓을 수 없는 세트이다. 민법 공부가 부실하면 글쎄, 경매할 줄 안다고 할 수 있을까?

〔제15법칙〕

공동소유 지분경매 물건의
공유물분할제도

부동산도 주식처럼 1/n로 나누어 소유할 수 있는 객체이다. 그러니 우리가 부부공동소유도 할 수 있는 것이고, 20명이든 100명이든 지분으로 소유하여 부동산을 운영할 수 있도록 민법 공유물파트에 규정들이 있다.

예를 들어 주택의 1/2만 경매로 나왔다. 낙찰을 받는다고 하더라도 나머지 지분권자와 지분만큼 함께 짐을 놓고 살 수 있는 것도 아니고, 복잡하고 껄끄러운 이해관계에 놓이게 된다는 생각에 특수권리물건이라고 치부해버리기 쉽다. 이때 활용할 수 있는 '공유물분할제도'에 대해 이야기를 해보려 한다.

경매구분	임의(기일) 형식경매(공유물분할)	채 권 자	천홍희(신청인) [+미리보기]		
용 도	대지	채무/소유자	박병●외1 김순●외3	매 각 기 일	
감 정 가	514,300,000 (14.04.14)	청 구 액	0	다 음 예 정	
최 저 가	252,007,000 (49%)	토지총면적	185 ㎡ (55.96평)	경매개시일	14.03.26
입찰보증금	10% (25,200,700)	건물총면적	0 ㎡ (0평)	배당종기일	14.06.23
조 회 수					

형식적 경매

그림을 보면 98%는 경매정보지를 볼 때 경매의 태생이 '임의경매'
또는 '강제경매'라고 적혀 있다. 하지만 100건 중 2건씩 꼬리표처럼 따
라붙는 단어가 있다.

'형식경매(공유물분할)'

이건 무엇을 뜻할까?

이소룡과 이연걸, 홍금보가 하나의 자산을 각 1/3지분으로 균등하게
공동소유하고 있었다. 그런데 무술 실력이 가장 뛰어난 이소룡이 실력
별로 지분을 달리하여 나누어 갖자고 한다. 그러자 이연걸과 홍금보가
반발한다.

"돈 앞에 그런 게 어디 있어?"

그리고 한참을 실랑이한다.

"이소룡, 너가 우리 지분 다 그럼 사라. 우리 필요 없다."

"무슨 소리야! 1억에 팔아서 차라리 지분비율로 나눠 갖자."

1억은 무슨! 난 본전치기로는 못 판다. 1억 3000만 원에 팔아라. 힘
센 너가 한번 팔아봐."

화가 난 이소룡은 법의 힘을 빌린다. 법원을 찾아가 이야기한다.

"판사님 도와주세요. 공동소유하고 있는 자산이 있는데 공유자끼리 협의가 안 됩니다."

판사가 이야기한다.

"공유물분할신청을 정식으로 하세요!"

"왜요?"

"어차피 협의분할은 안 될 것 같으니 매각분할을 하는 겁니다. 각 1/3 씩 가지고 있는 지분을 모두 합쳐 하나의 소유권으로 취득할 수 있는 온전한 부동산으로 경매 진행시킬 것이고, 그 낙찰 대금에서 각각의 지분비율로 배당해 드릴 테니 그렇게 청산하세요!"

이처럼 공유물분할을 이유로 하는 경매를 '형식경매(공유물 분할)'라고 한다.

과거 4년 전에는 아파트가 1/2 혹은 1/3씩 지분경매로 나오면 초보자들은 특수물건이라고 입찰을 하지 않았고, 조금 안다는 사람들은 바로 위 논리로 지분을 반값에 낙찰받아 바로 공유물분할신청을 하여 정상적 낙찰가 대비 지분비율로 배당을 받아 수익을 남기곤 했다.

하지만 현재 형식경매 접근하는 방법이 안전하고 쉬워져 그 방법이 하향평준화가 되었다.

그래서 아파트의 경우는 지분경매 낙찰가가 다음과 같이 되었다.

사진	매각기일 용도	물건기본내역	감정가 최저가 낙찰가	상태
	2014.12.09 **아파트**	대전8계 **2014-4101** 관심 대전 대덕구 법동 195-1 그린타운 103동 10층 1 001호 [동춘당로 151] [지분매각] 건물 13㎡ (4평) | 토지 7㎡ (2평)	32,000,000　낙찰 22,400,000　(70%) 29,800,000　(93.1%)	

　아파트 지분 1/5 경매물건이었는데 낙찰가가 거의 시세와 맞먹은 가격이 되었다. 그럼 이 물건을 공유물분할신청해서 형식적 경매를 하더라도 낙찰가는 더 높이 된다는 보장이 없고, 더 높이 될 수도 없다.

　약간 높아졌다고 하더라도 들인 비용과 시간을 생각하면 손해다. 물론 낙찰받아서 상대 지분권자에게 파는 방법이 있다고 하지만 2배 수익과는 거리가 멀어질 것이고, 목적대로 된다는 보장도 없다. 그래서 지분경매에서 2배 수익을 완벽히 낼 수 있는 방법은 한 가지밖에 없다(경매라는 제도만을 활용한다는 전제만으로).

물론 토지공법과 부동산공법을 어느 정도 알아야겠지? 결론적으로 경매를 열심히 공부하고 그 외 부동산에 대한 법률 등을 꾸준히 익히며 관심을 갖다 보면, 틈새가 보이고 어느 정도 하향평준화된 물건들도 공략 방향이 보이기 마련이다.

사실 이 꼭지의 글을 이렇게 마무리하는 게 많이 아쉽다. 일급기술을 공개하여 안전하게 2배 수익으로 가는 과정의 기술을 적고 싶지만, 적었다가는 필자의 회사 회원들이 난리가 날 것이다. 아니, 필자의 1% 실전경매강의 풀버전의 회원들이 전부 환불을 요구할 수도 있다.

고가의 온라인강의이기 때문이다. 그래서 책에서 저자가 실력 발휘를 다 못하고 있다는 점도 살짝 알아췄으면 좋겠다.

가장임차인 물건 조사 시 조심해야 할 것

(단어의 차이)

선순위전입으로 인해 대항력이 있는 임차인의 경우, 전입을 했고 권리가 있는 진정한 임차인인지, 아니면 우편물을 받기 위해 전입하여 점유하고 있지만 인수해야 할 보증금은 없는 임차인인지 확인해야 한다. 바로 이 과정에서 우리가 민감하게 반응해야 실무적인 내용이다.

다음 물건은 인천 중구 운남동에 위치한 영종자이아파트이며, 선순위임차인이 있는 물건이다.

 2014.06.11 | 인천18계 2013-53320 | 403,000,000 | 진행 | 760 | ·세대츠사
6일전 | 인천 중구 운남동 1550 영종자이 112동 20층 2 | 138,229,000 | (34%) | (류찰3회) | ·개발지역
아파트 | 002호 | | | |
 | [재매각 대지권미종기] | | | |
 | 건물 102㎡ (31평) | | | |

선순위 가장임차인처럼 보이는 전입신고자가 있는데 보증금이 1억이라고 신고를 하였다. 그런데 이상한 점이 있다. 선순위전입자가 있다는 것은 이 물건에서 말소기준권리인 은행 근저당권보다 앞서 존재했다는 뜻이다. 은행은 이를 확인하고 임차인의 유무를 가린 후 임차인의

136

보증금을 제외하고 대출을 해주는 것이 정상이고 상식이다.

하지만 대출금액을 보면 임차인이 없다는 전제하에 나올 수 있는 최대치의 금액이 나왔다. 그럼 그냥 지나칠 것이 아니라 의심을 시작해야 한다. 가장임차인일 가능성이 농후하기 때문이다.

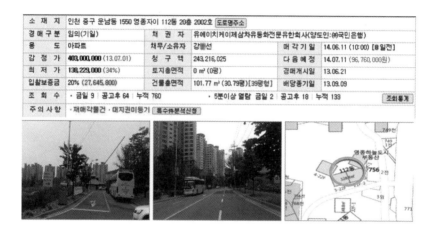

결국 이 해당 물건의 채권자인 근저당권자에게 전화를 걸어 이렇게 물어보았다.

"임차인의 무상거주확인서를 혹시 징구해둔 것이 있나요?"
"임대차계약을 하지 않겠다는 각서를 받아두었습니다."

라는 답변이 돌아왔다. 언뜻 들으면 무상거주확인서와 같은 종류의 성질로 현재의 선순위임차인이 가장임차인이라 생각하고 입찰할 수도 있다.

역시나 아니나 다를까.

낙찰자	최█행
응찰수	2명
낙찰액	216,200,000 (53.65%)
2위	211,200,000 (52.41%)

허가 2014-03-20
납부기한 2014-04-24
(대금미납)

2명이 입찰을 했고 최○○ 씨가 낙찰을 받았다가 잔금납부를 하지 않아 재매각이 되었다. 잔금납부를 하지 않았다는 것은 입찰보증금 몰수를 감수했다는 것이다.

왜 잔금을 못 냈을까? 은행에서 대출을 시행할 시 선순위임차인에 대한 보증금 1억을 대출가능금액에서 제외하고 해주기 때문에 이를 예상하지 못하여 잔금납부 시 현금이 부족했을 것이다.

낙찰자는 '은행이 임대차계약을 하지 않겠다는 각서'를 받아두었다는 말을 무상거주확인서와 같은 효력을 가졌을 것이라는 착각을 했을 것이고, 그 각서를 제출하면 은행이 대출을 정상적으로 해줄 것이라 예상했을 것이다. 우리는 실무에서 이런 작은 차이에서 오는 실수를 줄이기 위해 늘 공부해야 한다.

무상거주확인서

현재 선순위전입이 되어 있는 자로부터 '직접 전입하여 살고 있지만 임차인이

아니고 무상으로 살고 있다'는 내용의 각서

누구로부터? 은행은 현 부동산의 소유자와 전입자 2명에게 모두 징구받는다. 하지만 임대차계약을 하지 않겠다는 각서는 소유자로부터 받은 것이고, 임대차계약을 하더라도 문제가 되지는 않는다.

왜? 그 임차인은 선순위라면 대항력이 있을 것이고 주택임대차보호법에 보호를 받기 때문에 낙찰자가 인수해야 한다. 단, 은행은 각서대로 소유자가 지키지 않았기 때문에 따로 손해배상청구를 할 수는 있다.

따라서 은행으로부터 무상거주확인서를 당시 소유주와 전입자 2명에게 모두 징구를 받아두었다는 말을 들은 것에서 끝나지 않고, 낙찰 후 대출을 위해 무상거주확인서를 복사해줄 수 있는지의 여부까지 확실히 확인해야 한다. 단순히 존재한다는 사실만으로 입찰했다가 해당 서류를 복사 받지 못하여 대출 받지 못하는 경우도 허다하다. 잔금을 경락잔금대출을 이용해야 한다면 이것은 매우 중요한 사실이 될 것이다.

이때 문제는 대출이다. 현금이 있으면 경락잔금대출 없이 현금으로 잔금납부를 한 뒤 현재 가장임차인에 대하여 임차권부존재소송 후 법원으로 하여금 은행을 상대로 사실조회신청을 하면 된다. 무상거주

확인서는 법원으로 제출될 것이고, 이를 근거로 임차인은 얼마든지 명도할 수 있다.

(제17법칙)

후순위임차인이
선순위 임차인이 되어
보증금을 인수해야 하는 경우

일반적으로 경매 입찰대상의 부동산에 임차인이 점유하고 있을 시 임차인이 등기부상 말소기준이 되는 권리보다 전입일자가 늦은 후순위임차인이라면 무조건 낙찰 후 그 보증금은 인수대상이 되지 않는다고 생각한다. **하지만 이런 후순위임차인이 보증금을 인수해야 하는 선순위임차인으로 자리 이동이 된다면?**

경매에서 임대차관계는 매우 중요하다. 그래서 주택임대차보호법에 대해 그렇게 열심히 공부하지 않는가. 잘못하면 소유자가 되고도 계획한 날짜에 부동산을 점유할 수 없을 뿐만 아니라, 전 (소유자)임대인과의 계약 시 보증금까지 인수해야 한다.

그런데 이런 경우가 있다. 분명히 후순위임차인밖에 없었는데 선순위임차인이 되어 떡~ 하니 등장한다면? 이게 얼마나 기절할 노릇이겠는가. 여기서는 변수에 대한 이야기를 해보고자 한다.

Ⓠ A라는 소유자와 B라는 임차인이 임대차계약서를 작성했다. 그런데 임차인인 B가 C에게 자신의 임차권리를 임대해주었다. 임차인과 임대차계약한 것을 우리는 '전대차계약'이라 하고 이때 C는 전차인이라는 표현을 쓰게 된다. 이때 B임차인이 점유이전을 하면 당연히 전입에서 빠질 것이다. 그리고 C전차인이 전입신고를 한다. 이때 대항력의 문제는 어떻게 될 것인가?

Ⓐ B임차인이 퇴거한 날로부터 4일 이내 C전차인이 전입신고를 하고 점유를 하면, 대항력은 B임차인이 전입신고를 한 날로부터 소급하여 유지된다.

이 이야기에서 시사하는 바가 무엇인가? 바꿔 말하면 어떤 과정에서 리스크 변수가 생긴 것인가?

> 1월 1일 - A소유자와 B 임대차계약
> 1월 2일- B임차인 전입신고
> <u>1월 3일 - A소유자 자신의 부동산에 담도대출로 근저당권 설정</u>
> 1월 4일 - B임차인이 C와 전대차계약
> 1월 5일 - B임차인 퇴거
> 1월 6일- C전차인 전입신고와 함께 입주
> 1월 7일 - A소유자 부동산 경매 진행

여기에 함정이 있다. 여러분은 경매에 넘어간 A소유자의 부동산을 보면서 권리분석을 할 때 임차인 및 점유자 현황을 확인하기 위해 전입세대열람을 할 것이다. 거기에는 C전차인만 보일 것이고, 또 C가 보증금에 대한 배당요구를 하였을 것이다. 여기에서 착각의 늪에 빠지게 된다. 바로 'C를 대항력이 없는 임차인으로 보게 된다'는 것!

왜?

→ 말소기준권리가 될 1월 3일의 근저당권보다 전입신고 날짜가 늦기 때문이다.

하지만 B임차인이 퇴거한 날로부터 C전차인이 4일 내 주민등록이전(전입신고)과 주택인도를 받으면 대항력은 언제로 소급되어 유지가 된다고?

→ B임차인이 대항력을 갖춘 날짜이다.

그렇다면 선순위가 된다. 결국 대항력 없는 임차인으로 권리분석을 마치고 낙찰받았다면 어떻게 되었을까?

→ 미배당 보증금 전액을 인수해야 할 것이다.

또 한 가지 알아야 할 것은 C전차인은 원칙적으로 배당요구를 해도 배당받지 못한다는 점이다. 요즘은 실무상 소액임차인최우선변제금을 전차인에게도 배당요구를 해주기는 하지만 원칙적으로 B임차인에게 배당이 간다. 하지만 B가 배당요구를 하지 않는다면? C가 임대차관계

144

의 점유자인지 전대차계약의 점유인지 한눈에 보이지 않는다는 것. 그 것이 바로 리스크(Risk)다.

상가를 대상으로 한
입찰, 명도, 관리비 문제

경매물건마다 권리분석, 입찰, 명도에 대해 디테일하게 들어가면 성격이 다양해 수단과 방법이 전략적으로 달라져야 할 때가 많다. **그중 상가를 대상으로 하여 큰 맥락을 잡고 핵심적인 이야기를 담아보고자 한다.**

입찰 전 짚어봐야 할 것을 크게 3가지로 나누어 볼 수 있다.

1. 권리분석

우선 그 상가의 등기부등본을 열람해본다. 보통 유료경매사이트를 보는 분들은 해당 사이트를 통해 정리된 통합등기권리분석표가 한눈에 보일 것이다. 직접 열람하는 분들은 대법원인터넷등기소에 들어가 열람 후(비용 700원), 등기상의 권리들이 기입된 날짜 순서대로 공책에 나열해보면 된다.

이 중에서 '(근)저당권, (가)압류, 담보가등기, 경매개시결정등기'의 권리가 있는지 보고, 이 4가지 권리 중에서 날짜가 가장 빠르게 기입된 권리를 찾아서 빨간색 펜으로 밑줄을 긋는다. 바로 그 권리가 낙찰받은 후 등기부상의 말소기준의 권리가 되는 것이다. 그 기준권리보다 앞서서 기입되어 있는 권리는 낙찰자가 인수해야 하는 것이 원칙이며, 임차인도 마찬가지다.

상가의 경우에는 전입세대열람이 아니라 사업자등록일을 확인해야 하며, 그 등록일이 앞서 이야기한 말소기준권리보다 늦으면 대항력이 없는 임차인이므로 낙찰자의 인수사항 없이(임차인의 계약기간과 배당금과 관계없이) 상가를 비워줘야 하는 의무를 갖게 된다. 즉 권리상 하자가 없다.

어렵지 않다. 이 2가지 작업만으로 해결되는 상가물건이 80%이다(특수한 권리인 유치권, 지분경매, 법지권 등이 없다는 전제). 직접 분석 후, 만일의 경우를 대비해 전문가에게 최종 검토를 받는 것도 방법이다. 이렇게 말하지 않아도 대부분 전문가에게 최종 검토를 받으실 거다. 왜냐고? 초보자는 자신이 분석한 자료를 바탕으로 입찰하기 전에 '내가 너무 경솔한 것 아닌가?' 하는 합리적 의심을 하게 되어 있으니까.

2. 임차인 문제

① 임차인에게 대항력이 없어야 한다.

대항력이 있고 자신의 보증금에 대해서 배당요구도 하지 않았다면 계약기간까지 점유를 허락해야 하고, 기간이 끝나면 보증금도 전액 인수해야 한다. 만약 인수해야 할 보증금이 있으면 그것을 감안해야 되기 때문에 입찰경쟁자도 많지 않고 입찰금액이 낮아질 수 있어 좋지 않냐고? 당연히 좋은 생각이다. 단, 경매잔금대출이 상가 임차인의 보증금만큼을 빼고 나오니 현금유동에 있어 계산을 잘해야 할 것이다.

② 임차인의 최초 계약날짜를 파악해야 한다.

상가임대차보호법에 따라 계약기간이 2년이라고 해도 5년까지 임차인의 의지만으로 계약기간을 연장할 수 있다. 그러니 임차인의 최초 계약날짜도 파악해야 한다.

하지만 대항력이 없는 임차인이라면 이러한 것들을 모두 무시해도 좋다. 낙찰 후 낙찰자에게 보증금 요구를 하지 못하고 상가도 명도해 주어야 되기 때문이다. 하지만 여기서 지혜가 필요하다. 낙찰자로서 법이 나에게 甲이 될 수 있는 권리를 줬다고 벼슬아치라도 된 것처럼 명도를 하면 안 된다. 상대방의 권리금 요구에 맞서서 잘 협상하여 재계약을 하는 것이 좋다. 분명히 임차인은 시설비를 권리금조로 요구하며 버틸 것이고, 결국 강제집행을 해야 한다. 그 기간과 절차 및 비용이 실무적으로는 타격이 있는 상가들도 꽤 많다.

동시에 누군가 나를 미워하는 사람이 많으면 많을수록 인생이 잘될 리 없다. 필자의 경우는 보증금을 다시 내지 않고, 그 상태에서 1

년간 권리금만큼 벌어서 나가게 하는 방향으로 협상을 한다. 단, 월세는 당연히 그대로 유지하여 받는다. 이렇게 하면 낙찰 후 여유 있게 다음 임차인을 기다릴 수 있고, 그동안 대출이자는 물론 임대수익이 구멍 없이 꾸준히 부가가치수익으로 안정적으로 들어올 수 있으며, 동시에 상대방에게도 좋은 기회가 되는 것이다.

3. 연체된 관리비 문제

관리비가 실무적으로 얼마 되지 않으면 처음부터 인수한다고 계산하고 입찰가를 산정하는 것이 속이 편하다. 단, 상가는 관리비가 몇천부터 몇 억까지 연체가 되어 있는 경우도 수두룩하다. 이때는 대법원 판례 중 '공용부분의 관리비만 낙찰자에게 인수시켜라'라는 판결과 '연체된 전유부분 관리비는 낙찰자가 연체한 것이 아니기에 연체관리비는 낙찰자가 부담할 필요 없다'라는 판결을 무기로 민법 741조 '부당이득반환청구 권리'를 활용해야 한다.

먼저 관리사무소에 아무 소리 하지 말고 미납된 관리비 내역을 인쇄해달라고 이야기하자. 이때 절대 "공용부분만 인수해야 하는 것 아닌가요?" 이런 말 하면 안 된다.

인쇄물을 받았다면 명도 후 전액 관리비 납부! 장난하냐고? 그럴리가. 납부 후 민법 제 741조 부당이득반환청구를 이유로 관리사무소를 상대로 소를 제기하면 된다. 앞서 언급한 판례를 활용하는 것이다. 낙찰자는 공용부분 외에는 내야 할 이유가 없었다.

그럼에도 불구하고 전체를 다 낸 것은 관리사무소가 공용부분 관리비를 제외한 금액만큼은 법률상 원인 없이 부당이득을 취한 것으로써 전액 돌려받을 수 있기 때문이다. 정말이냐고? 100% 사실이다.

그렇다면 왜 공용부분만 인수해야 하는 것에 대해 먼저 아는 척하지 말라고 했을까? 그런 말을 했다면 판사는 아마도 이렇게 이야기할 것이다.

"뭐야. 너 알면서도 전부 다 납부했네. 근데 왜 이제 와서 돌려달라고 해. 그건 신의칙에 어긋나지!"

때문에 관리비를 다 내고 나서 나중에 관리사무소에 이렇게 이야기하라.

"아는 변호사한테 물어보니 저는 공용부분만 인수하는 게 맞다고 하네요. 돌려주세요."

〈제19법칙〉

대항력 없는 후순위임차인의
명도 저항 극복

경매를 입찰하기 위해 앞서서 하는 현장조사와 분석 그리고 뒤따른 입찰까지의 모든 과정은 '나 혼자' 하는 것이다. 그렇기 때문에 골머리 썩어봤자 그 정신적 스트레스는 크지 않다.

하지만 낙찰 후 잔금납부를 하는 동시에 소유자가 된다. 소유자로서 권리행사를 위해 현재 점유하고 있는 점유자를 명도하는 과정은 상대방이 있는 싸움이고, 입장에 따라 마찰이 생기거나 감정이 상할 수 있으므로 **가장 좋은 관계에서 명도를 해야 한다.** 여기에서 오는 스트레스 때문에 경매를 포기하는 분도 여럿 보았다. 하지만 명도를 염두에 두고 처음부터 정확히 권리분석을 하고, 지혜롭게 대처한다면 충분히 머리 아프지 않고도 해결할 수 있다.

우리가 경매를 통해 자산을 낙찰받을 시 주택의 경우, 주택임대차보호법상 대항력이 없는 임차인은 배당을 받든 받지 못하든 낙찰자에게 잔금납부를 시점으로 점유주택을 비워주어야 한다. 따라서 임차인에 대한 리스크가 없다는 판단하에 입찰을 한다. 물론 맞다!

뿐만 아니라 후순위임차인이지만 전입신고와 확정일자를 중개업소의 안내에 따라 성실히 이행하여 전액 법원으로부터 배당을 받는다면 명도가 더욱 편할 것이라는 생각을 하게 된다. 물론 이것도 맞다!

하지만 10명 중 3명 꼴로 복병이 생긴다. 후순위임차인이 법원으로부터 배당기일에 배당받기 위해서는 낙찰자의 '명도확인서와 인감증명서'를 첨부해야만 배당받을 수 있음을 알고 있음에도 불구하고, 낙찰자에게 들어줄 수 없는 조건을 제시하는 경우가 있다.

다음이 대표적인 예이다.

1. 무리한 이사비 요구

배당받는 임차인에게 이사비를 제공하지 않는 것이 일반적이다.

2. 무조건 버티기 작전

차인이 법원에 배당요구를 하면 더 이상 전 소유자와의 계약기간은 유지할 수 없다. 대항력이 없는 경우도 마찬가지다. 하지만 전 소유자와의 계약기간을 주장하며 무조건 버티기 작전을 펼칠 때가 있다.

안녕하세요 ████ 다 ███동
█층에 사는 사람입니다 집을
재계약 하든 비워주든 4월
9일까지라고 하던데 재계약을
하지 않으면 이사나가는 것도
촉박하고 전세대출금 상환도
그렇고 그때까지 비우는 건
어렵겠네요 이집 전세
계약기간(2014년 10월
19일)까지 살면서 재계약하든
이사나가든 하겠습니다

오후 9:08 MMS

대항력이 없기 때문에 전
소유자와의 계약기간과
관계없이
현상태도 권리없는
점유상태입니다
만약 4월 9일까지 명도가 되지
않을 시 법원 인도명령결정문을
집행권원으로 강제집행 할
수밖에
없음을 밝힙니다.

가까운 법무사 혹은
변호사사무실을
통해 잘 알아보신 뒤 현명한
선택하시기 바랍니다.

MMS 오후 9:11

아 그리고 그렇게 되시면
잔금납부
기간부터 현재까지의
월세기회비용과 대출이자 등
지연손해금조로 선생님의
배당금을 합법적으로 압류함도
알려드립니다.

MMS 오후 9:12

앞에 필자가 보낸 문자 내용과 같이 해당 임차인은 법률전문가가 아니기 때문에 변호사 및 법무사를 통해 현실을 정확히 인지하고 그에 맞는 현명한 선택을 스스로 할 수 있도록 도와주는 것이 옳다. 다음 날 해당 임차인의 남동생에게 전화가 왔다.

"문자를 보고 이리저리 알아보니 말씀이 맞았습니다. 저희 누나가 실수한 것 죄송합니다. 하지만 집도 알아보고 이사준비까지 해야 돼서 배당기일인 4월 9일까지 집을 비우는 것은 어려울 거 같은데, 4월 30일까지 시간을 주시면 안 될까요?"

"그럴 수도 있지요. 하지만 30일은 너무 늦습니다. 20일까지 시간 드리면 되겠는지요. 이런 관계로 대화를 해야 하는 인연이 되어 저도 유감입니다."

"아닙니다. 감사합니다."

"기한을 연장해드렸지만, 만일의 상황에 대비하여 강제집행절차 진행을 준비하고 있습니다. 20일까지만 비워주신다면 집행은 취소할 것이니 너무 염려마시고 이사 준비해주시기 바랍니다."

이런 식으로 서로 감정이 크게 상하지 않고 명도하는 여러 가지 방법을 알고 있는 것도 매우 중요하다. 명도가 지연되기 시작하면 아무리 승리한 게임이라고 하더라도 정신적, 경제적 손실은 어쩔 수가 없다.

경매 강제집행의
타이밍과 방법

경매 낙찰 후 명도하는 과정에서 인도명령신청 후 강제집행을 접수해야 하는 타이밍에 대한 생각을 정리해 보았다.

1. 잘못된 상식

낙찰받은 후, 권한이 없는 점유자가 명도를 지연시킬 시 대부분의 초보낙찰자나 점유자는 명도소송을 하면 명도가 완료될 것이라고 생각한다. 하지만 분쟁의 쟁점이 이미 소송을 통한 판결이 필요 없을 정도로 확실할 때에는 소송이 필요 없다. 대신 법원에 인도명령신청을 하면 인도명령결정문이 나오는데, 그것이 곧 판결문이기 때문에 그것을 집행권원으로 하여 강제집행신청을 할 수 있다. 허위유치권인 경우도 확실한 재료와 증거가 있다면 인도명령결정문으로 간단히 해결할 수 있다.(예: 아파트유치권)

① 인도명령신청 후 결정문이 나오기까지의 기간: 약 2주일

② 인도명령신청비용: 약 15,000원

③ 인도명령신청시기: 잔금납부와 함께 신청

④ 인도명령결정문의 이해: 강제집행을 하기 위한 집행권원으로써 소송을 통한 판결문과 같은 효력을 지님

2. 강제집행신청을 해야 할 때

① 낙찰 후 점유자와의 접촉 및 통화가 불가능할 때

② 점유자가 무리한 이사비를 요구하며 협상의 지연이 예상될 때

③ 이사 약속을 한 번 이상 어겼을 때 즉시!

④ 점유자와의 긴 협상과 설득 등이 꺼려질 때

3. 진짜로 강제집행을 하는가?

답은 NO다. 상대측과의 원활한 협의가 불가능하다고 판단될 때 강제집행신청을 하면 집행관이 스케줄에 맞추어 계고장을 집행대상물에 붙이러 간다. 계고장의 내용은 법원의 집행권원으로 약 2주 후로 날짜를 공시하여 불시에 강제집행을 한다는 것이고, 다시 한번 낙찰자에게 인도를 명령하게 된다.

이때부터는 협상에 어려움은 없다. 왜? 낙찰자는 강제집행비용을 들이지 않고, 대신 점유자에게 이사비를 제공하여 인수 · 인계의 풍경을 험악하게 만들지 않도록 먼저 제의했을 것이다. 하지만 강제집행절차

가 진행되면 낙찰자로 하여금 점유자는 이사비용을 한 푼도 받을 수 없을 뿐만 아니라, 계획한 날짜에 이사를 못하고 강제로 내부 집기를 집행당해야 하는 현실을 직시하게 되기 때문에 집행기일 전 스스로 낙찰자의 요구에 맞추어 이사를 약속하게 된다. 이때는 약속한 이사날짜까지 담당집행관과 통화하여 강제집행날짜를 연기시키면 된다. 명도 완료 후, 집행을 취소하면 집행 당시 예납한 금액의 대부분은 되돌려 받을 수 있다.

4. 결국 집행은 SHOW!

이런 쇼를 위하여 반드시 선행해야 할 것은 인도명령신청을 미리 해놓는 것이다.

언제? 잔금납부와 동시에 처리하는 것이 가장 좋다.

5. 강제집행신청 방법

① 법원 담당 경매계로 간다.

② 챙겨온 인도명령결정문을 보고 집행신청을 위한 증명서류를 받기 위한 양식서류를 안내에 따라 채운다.

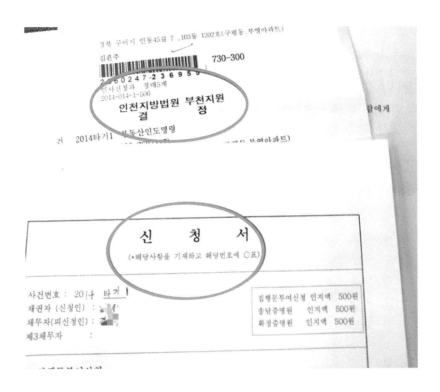

경북 구미시 인동45길 7 , 103동 1202호(구평동 , 부영아파트)

김은주

730-300

인천지방법원 부천지원
결   정

건   2014타기1   부동산인도명령

신   청   서

(*해당사항을 기재하고 해당번호에 ○표.)

사건번호 : 2014 타기 1
채권자 (신청인) :
채무자(피신청인) :
제3채무자   :

집행문부여신청 인지액	500원
송달증명원 인지액	500원
확정증명원 인지액	500원

③ 인도명령결정문과 작성한 서류를 함께 신분증을 담당 경매계장에게 제출하면 송달증명원을 인쇄하여 줄 것이다(이때 인지세 1000원이 든다).

송 달 증 명 원

사　　　건 : 인천지방법원 부천지원　2014타기　부동산인도명령

신 청 인 : ▓주

피신청인 : ▓숙

증명신청인 : 신청인 김▓

위 사건에 관하여 아래와 같이 송달되었음을 증명합니다.

피신청인 김순숙 2014. 1. 20. 결정정본 송달. 끝.

2014. 2. 20.

인천지방법원 부천지원

법원주사보 조 계 훈

④ 담당경매계에서 받은 서류를 들고 경매 집행관사무실로 향한다.

⑤ 도착 후 다음 사진 우측에 진짜 강제집행신청서를 작성한다.

164

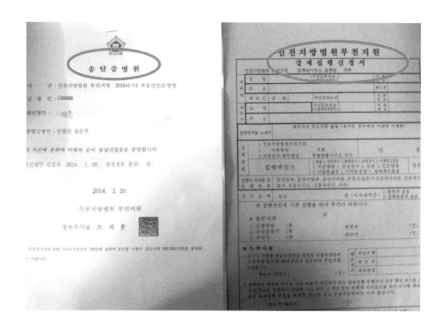

⑥ 접수증을 받았다면 강제집행신청은 완료가 되었다.

⑦ 접수증에 안내된 예납금을 은행에 납부하고 나서 서류 하단에 있는 담당집행관이 성명과 전화번호를 확인 후 전화를 걸어 계고장을 붙이러 갈 날짜를 확인한다.

⑧ 계고장을 붙이기 위해서는 현장에 집행신청을 한 채권자 혹은 대리인과 그 외 증인 1명을 데리고 가야 한다. 그것이 귀찮을 시 집행관에게 그 근처 집행 시 계고장만 들려서 붙여달라고 할 수도 있다.

낙찰자로서 법이 보호해주는 상대적 '갑'의 입장에 있다고 하더라도 상대방이 상처를 받고 낙찰자를 원망하는 마음을 갖는다면 그것은 옳은 일이 아닐 것이다. 사회제도상 잠시 갖고 있는 권리를 이용해 상대의 인격과 존엄성을 무시한다면 살면서 반드시 상대와 같은 상황을 벌로 받게 될 것이니 최대한 끝까지 좋은 방향으로 마무리하는 것이 중요하다. 인간사가 사실 몇 다리만 건너가도 어떤 형태로든 연결된 사이일 것이고, 우리 모두가 이웃이다.

부록1

주택임대차보호법, 상가임대차보호법 핵심내용 요약, 용어정리

주택임대차보호법
핵심내용 요약

주택임대차보호법의

구분	이해한 상태에서 법률 해석하기
1. 대항력	임차 상가의 소유주가 바뀌더라도, 기존 임대차 계약의 지속을 주장할 수 있는 권리(건물인도(점유)+주민등록이전(전입신고) 시 획득)
2. 우선변제권	건물이 경매에 붙여질 경우, 후순위 채권자보다 우선하여 보증금을 변제받을 수 있는 권리(대항력+확정일자)
3. 최우선변제권	등기부상의 권리에 상관없이 최우선적으로 일정금액의 보증금을 받을 수 있는 권리
4. 환산보증금	보증금+(월세액×100)
5. 임차권등기명령 제도	임대차 종료 후 보증금을 반환받지 못할 경우 등기를 통해 권리를 보전하고 이사 갈 수 있는 제도

대항력

대항력의 개요

❶ 대항력이란?

임차인이 임차주택의 양도인의 지위를 승계한 양수인에 대하여 임대차의 내용을 주장할 수 있고, 임차주택에 대한 제3자의 침해에 대하여서도 방해 배제 청구권을 주장할 수 있는 것을 대항력이라고 한다.

❷ 대항력의 요건

임차인이 주택의 인도와 주민등록을 마친 때는 그 익일부터 제 3자에 대하여 효력이 생긴다.(주택임대차보호법 제3조 1항)

❸ 대항력의 취득시점

주택의 인도와 주민등록을 마쳤을 때는 익일 0시부터 대항력이 생기고 주민등록 전입신고를 먼저 하였을 때에는 인도 즉시 대항력이 생긴다. 익일 0시부터 대항력을 인정하는 이유는 등기소에서 여러 등기를 할 때 동사무소에서의 전입 여부를 알 수 없기 때문에 등기자가 예상치 못한 피해를 입을 수도 있으므로 대항력은 익일 0시부터 인정하고 있다.

❹ 대항력의 존속을 위한 기간

언제까지 대항력의 요건을 갖추어야 하는 것으로 최소한 경매 진행 절차에서 배당요구 종기일까지는 대항력의 요건을 갖추고 있어야 하며, 1999년 3월 1일 이후에 시행하는 임차권등기명령 절차를 밟으면 기간과 상관없이 대항력을 인정받는다.

❺ 대형력이 배제되는 경우

㉠ 금반언 및 신의칙의 원칙: 근저당권자가 담보로 제공된 주택에 대한 가치를 평가할 때 대항력이 있는 임차인이라고 하더라도 임대차 사실을 부인하고 임차보증금에 대한 권리 주장을 하지 않겠다는 내용의 확인서나 각서를 작성한 이후 경매 진행 절차에서 확인서의 내용을 번복하고 임대차를 주장한다고 해도 특별한 사정이 없는 한 신의칙에 위반되어 대항력을 인정받지 못한다.

㉡ 매수인 신뢰 보호의 원칙: 대항력은 있으나 우선변제권이 없는 임차인이 배당에 참여하고자 허위의 확정일자가 있는 계약서를 제출한 경우 허위사실이 밝혀져 배당에서 제외되면 낙찰자에게 배당받지 못한 보증금을 요구할 수

없다.

ⓒ 채권확보를 하기 위해 기존의 채권을 임차보증금으로 전환하고 전입, 인도만 하고 실제로 주거용으로 사용 수익하지 않았다면 허위 통정에 해당되어 대항력을 인정받을 수 없다.

확정일자 임차인

확정일자란?

확정일자란 증서에 대하여 그 작성한 일자에 관한 안전한 증거가 될 수 있는 것으로 법률상 인정되는 일자를 말하는 것이다. 임대차계약서상의 확정일자는 그 날자 현재에 그 문서가 존재하고 있었다는 사실을 증명하기 위해 계약서 여백이나 뒷면에 번호를 부여하고 확정일자 인을 찍어 주는 것을 의미한다.

확정일자 제도의 의의

임차인이 아주 간편하고 비용도 거의 들지 않고도 전세권 또는 저당권 등기를 한 것과 같은 법적권리를 갖게 됨으로써 경제적 약자인 임차인을 더욱 더 보호가 될 수 있도록 한 것에 의미가 있다.

확정일자와 임차인의 우선변제제권

확정일자 임차인이 우선변제권을 행사하려면 주택의 인도와 주미등록, 임대차계약서상의 확정일자를 갖추어야 하며 대항력은 배당요구종기일까지 유지해야 한다. 또한 확정일자 임차인은 법원이 정한 배당요구의 종기일까지 배당요구를 해야만 우선변제를 받을 수 있고 배당금을 수령하려면 임차인은 공매든 경매든 매수인에게 명도확인서를 받아 법원이나 자산관리공사에 제출해야 한다.

확정일자 임차인과 관련한 기타 문제

❶ 경매개시결정 등기 후 확정일자를 부여받은 경우

우선 변제를 받기 위해 경매개시등기 이전에 확정일자를 받을 필요가 없다. 따라서 별도의 채무명의 없이 확정일자만으로 배당요구를 할 수 있고 확정일자 이후 후순위 채권자보다 먼저 배당을 받을 수 있다.

❷ 확정일자를 받은 계약서를 분실하였을 때

종전 확정일자를 갖춘 임차인은 대항력을 행사하여 임대차 관계를 존속할 수 있고 보증금에 관하여 임차주택의 가액으로부터 우선변제를 받을 수 있는 권리를 동시에 갖는다.

❸ 대항력있는 임차인의 우선변제권 행사

대항력과 확정일자를 갖춘 임차인은 대항력을 행사하여 임대차 관계를 존속할 수 있고 보증금에 관하여 임차주택의 가액으로부터 우선변제를 받을 수 있는 권리를 동시에 갖는다.

❹ 임차권의 소멸 시기

대항력과 우선변제권이 있는 임차권은 배당표가 확정될 때까지 대항력을 주장하여 사용, 수익하더라도 부당이익이 아니다.

❺ 공유 부동산의 임대차에서 대항력 존폐 여부

2인 이상의 공유로 되어 있는 주택을 임차하면서 공유자 중 일부와 임대차계약을 체결한 경우, 공유자 지분이 과반수가 넘지 않으면 임대차계약의 효력을 주장할 수 없다.

소액임차인

소액임차인이란?

대통령령으로 보증금의 범위와 기준을 정하여 그 금액보다 적은 보증금으로 임대차 계약을 체결한 사람을 말한다. 소액임차인이 되려면 소액보증금이 지급된다. 적법한 임차인이어야 하며 주택의 인도와 주민등록 전입이 경매기입등기 이전에 갖추어야 하며 배당요구 종기일까지 유지하고 있어야 한다.

최우선 변제권의 내용

주택의 인도, 주민등록의 대항요건을 갖춘 소액임차인은 다른 채권자들보다 우선하여 보증금 중 일정액을 변제받을 권리가 있다. 이때 건물의 일부만 임차한 사람이나 건물만 임차한 사람이라도 대지를 포함한 건물 전체의 매각대금에서 배당받는다.

그러나 대지가격을 포함한 주택가액의 1/2 범위 내에서 우선변제권이 인정되며 다수의 최우선 변제권이 있는 임차인이 있다고 하더라도 실제 배당금액에서 1/2을 넘을 수 없다.

소액 임차 보증금의 배당 순위

❶ 확정일자 보증금과의 우열

대항력 취득일과 상관없이 소액임차인이 선순위가 된다. 소액임차인이 확정일자까지 받았다면 최우선 배당을 먼저 받고 나머지 배당받지 못한 금액은 확정일자 임차보증금 채권으로서 순위에 따라 배당받을 수 있다.

❷ 소액보증금 간의 우열

소액임차인이 여러 사람일 경우 최우선 변제권은 대항력의 취득 시기에 상관없이 무조건 동순위이다. 따라서 배당 절차에서 이들 소액배당금 채권을 모두 만족시켜 주지 못할 경우에는 소액임차인들은 각자의 보증금액 비율에 따른 안분비례를 받는다.

❸ 임금 채권과의 우열

소액보증금과 임금채권액 중 일정액은 사회나 경제적 약자를 위한 특별법이므로 모두 동순위이다. 당해세나 선순위저당 채권 기타 어떤 우선채권보다도 최우선으로 배당해야 한다.

❹ 근저당 채권과의 우열

대통령령으로 정한 소액보증금의 범위 내라면 소액임차 보증금 중 일정액은 선순위 근저당권자보다도 최우선하여 배당된다.

주택 소액임차인의 기준 및 최우선변제금액

근저당 등 설정일	대상 지역 구분	보증금 범위	최우선 변제금
84. 1. 1~	서울특별시, 대전 등 광역시	300만 원	300만 원
87. 11. 30	기타 지역	200만 원	200만 원
87. 12. 1~	서울특별시, 대전 등 광역시	500만 원	500만 원
90. 2. 18	기타 지역	400만 원	400만 원
90. 2. 19~	서울특별시, 대전 등 광역시	2,000만 원	700만 원
95. 10. 18	기타 지역	1,500만 원	500만 원
95. 10. 19~	서울, 광역시(군 지역 제외)	3,000만 원	1,200만 원
2001. 9. 14	기타 지역	2,000만 원	800만 원
2001. 9. 15 ~ 2008. 8. 20	서울, 인천, 안양 등 과밀억제권역	4,000만 원	1,600만 원
	대전 등 광역시(인천, 군 지역 제외)	3,500만 원	1,400만 원
	기타(지방, 광역시의 군)	3,000만 원	1,200만 원
2008. 8. 21 ~ 2010.07.25	서울, 인천, 안양 등 과밀억제권역	6,000만 원	2,000만 원
	대전 등 광역시(인천, 군 지역 제외)	5,000만 원	1,700만 원
	기타(지방, 광역시의 군)	4,000만 원	1,400만 원
2010. 7.26 ~ 현재	서울특별시	7,500만 원	2,500만 원
	대전 등 광역시(인천, 군 지역 제외)	6,500만 원	2,200만 원
	광역시(인천, 군 지역 제외), 안산시, 용인시, 김포시, 경기도 광주시	5,500만 원	1,900만 원
	그 밖의 지역	4,000만 원	1,400만 원

상가임대차보호법
핵심내용 요약

상가임대차보호법의

구분	이해한 상태에서 법률해석하기
대항력	임차 상가의 소유주가 바뀌더라도, 기존 임대차 계약의 지속을 주장할 수 있는 권리(건물 점유+사업자등록 시 획득)
우선변제권	건물이 경매에 붙여질 경우, 후순위 채권자보다 우선하여 보증금을 변제받을 수 있는 권리(대항력+확정일자)
최우선변제권	등기부상의 권리에 상관없이 최우선적으로 일정금액의 보증금을 받을 수 있는 권리
환산보증금	보증금+(월세액×100)
임차권등기명령 제도	임대차 종료 후, 보증금을 반환받지 못할 경우 등기를 통해 권리를 보전하고 이사 갈 수 있는 제도

대항력이란?

상가건물의 임차인이 건물의 인도와 사업자등록을 마친 때는 임차건물이 매매나 경매 등에 의하여 소유주가 바뀌는 경우에도 새로운 임차건물의 소유자에 대하여 계속 임차권을 주장할 수 있는 권한을 대항력이라고 한다.

대항력의 취득 요건

❶ 건물 임대인의 건물 인도

건물에 대하여 가지고 있는 사실상의 지배가 임대인으로부터 임차인에게 이전해야 한다. 현실 인도뿐만 아니라 간이인도, 목적물 반환청구권의 양도에 의한 인도도 포함된다.

❷ 임차인의 사업자 등록

사업자의 인적사항과 사업 사실 등 과세자료를 파악하는데 필요한 사항을 세무관서의 대장에 등재해야 한다.

대항력의 존속 요건

임차인은 임대인에게 건물을 인도받아 건물의 점유를 배당요구종기일까지 계속 해야 하고 사업자등록의 이전 또는 폐업을 하지 않아야 한다.

대항력의 발생시기

주택임대차보호법과 마찬가지로 세무서에 사업자등록을 신청한 후 익일 0시부터 대항력이 발생한다.

우선변제권의 요건

대항요건인 건물의 인도와 사업자 등록을 마치고 확정일자를 받아야 한다. 확정일자라는 것은 계약서에 대하여 그 작성한 일자에 관한 법률상 인정되는 일자일뿐이므로 대항요건을 갖추지 못한 확정일자는 의미가 없다. 주택임대차보호법상에는 확정일자에 대한 규제가 없다. 그러나 상가임대차보호법에는 확정일자를 세무서에서 받는 것이므로 명문화되어 있다. 따라서 등기소나 기타 다른 곳에서 확정일자를 받는다면 인정받을 수 없다.

우선변제권의 행사

배당요구 종기일까지 배당신청을 해야 우선변제권을 통해 배당을 우선적으로 받을 수 있다. 경매나 공매처럼 환가 절차상 필요한 요건이므로 일반거래에서는 우선변제권은 의미가 없다.

상가건물 적용대상 기준

❶ 대상 기준이란?

상가용 건물이라도 지역별로 일정 보증금 이하인 경우에만 인정된다. 보증금은 경제여건 및 임대차 목적물의 규모 등을 감안하여 지역별로 구분하여 규정된다.

❷ 지역기준

지역	금액
서울특별시	3억 원 이하
수도권 과밀 억제권(경기 지역의 대부분이 속함)	2억 5,000만 원 이하
광역시(군 지역, 인천광역시 제외)	1억 8,000만 원 이하
그 밖의 지역	1억 5,000만 원

소액임차보증금 범위와 최우선변제금액

기간	지역	환산보증금	최우선 변제금
02.11.1 ~ 10.7.25	서울특별시	4,500만 원 이하	1,350만 원까지
	수도권 과밀 억제권 (경기 지역의 대부분이 속함)	3,900만 원 이하	1,170만 원까지
	광역시(군지역, 인천광역시 제외)	3,000만 원 이하	900만 원까지
	그 밖의 지역	2,500만 원 이하	750만 원까지
10.7.26 ~ 현재	서울특별시	5,000만 원 이하	1,500만 원까지
	수도권 과밀 억제권 (경기 지역의 대부분이 속함)	4,500만 원 이하	1,350만 원까지
	광역시, 안산시, 용인시, 김포시, 광주시	3,000만 원 이하	900만 원까지
	그 밖의 지역	2,500만 원 이하	700만 원까지

용어
정리

가등기

종국등기를 할 수 있을 만한 실체법적 또는 절차법적 요건을 구비하지 못한 경우 혹은 권리의 설정, 이전, 변경, 소멸의 청구권을 보전하려고 할 때와 그 청구권이 시한부, 조건부이거나 장래에 있어서 확정할 것인 때에 그 본등기를 위하여 미리 그 순위를 보존하게 되는 효력을 가지는 등기이다. 예비등기의 일종이다. 가등기의 효력은 2가지가 있다.

❶ 그 자체로는 완전한 등기로서의 효력이 없으나 후에 요건을 갖추어 본등기를 하게 되면 그 본등기의 순위는 가등기의 순위로 되므로, 결국 가등기를 한 때를 기준으로 하여 그 본등기의 순위가 확정된다는 본등기순위보전의 효력

❷ 본등기 이전에 가등기가 불법하게 말소된 경우에 가등기명의인은 그 회복을 청구할 수 있는 가등기 자체의 효력(청구권보존의 효력)

가등기담보

채권담보를 위하여 채권자와 채무자 또는 제3자 사이에 채무자 또는 제3자 소유의 부동산을 목적물로 하는 대물변제예약 기타의 계약으로, 그 계약에 의한 채권자의 권리에 관하여 가등기를 할 수 있는 것을 말한다.

가압류

금전채권 또는 금전으로 환산할 수 있는 채권을 가진 자가 확정판결을 받기 전에 훗날 강제집행을 용이하게 하기 위하여 미리 채무자의 재산을 동결시켜 놓는 절차이다. 이러한 가압류의 성격상 가압류 절차는 은밀하고 긴급하게 이루어져야 하기 때문에 법원은 가압류신청에 대해 채무자의 소환 없이 채권자가 제출한 소명자료에 의한 최소한의 심리를 거쳐 가압류 결정을 하게 된다.

낙찰

낙찰이란 공사도급·물건의 매매 등의 계약을 체결함에 있어 경쟁매매에 의하는 경우에 한쪽 당사자가 입찰에 의하여 다른 당사자를 결정하는 것을 말한다. 다수의 희망자로부터 희망가격 등을 서면으로 제출하게 하여, 그중에서 가장 유리한 내용, 즉 판매의 경우는 최고가격, 매입의 경우는 최저가격 또는 예정가격에 가장 가까운 가격을 기재하여 제출한 자를 선택하여 계약의 당사자로 결정한다. 문서에 의하여 의사표시를 하므로 타인의 내용을 알지 못하여 비밀이 유지되고 계약의 공정을 기할수 있다. 예산회계법상 정부, 공공기관, 공공단체가 매매, 임차, 도급, 기타 계약을 하는 경우에는 이 방법에 의하는 것을 원칙으로 하고 있다. 세법에서도 압류재산의 매각, 장치기간 경과물품의 매각, 몰수품 등의 처분에 있어 이 방법을 적용하는 것을 원칙으로 하고 있다.

낙찰허가결정

낙찰허가결정이 선고된 후 1주일 내에 이해관계인이(낙찰자, 채무자, 소유자, 임차인, 근저당권자 등) 항고하지 않으면 낙찰허가결정이 확정된다. 그러면 낙찰자는 법원이 통지하는 대금납부기일에 낙찰대금(보증금을 공제한 잔액)을 납부해야 한다. 대금납부기일은 통상 낙찰허가결정이 확정된 날로부터 1개월 이내로 지정한다. (신) 매각허가결정

다가구형 단독주택

단독주택 내에 여러 가구가 거주할 수 있는 구조로 된 주택으로 각 가구별로 별도의 방과 부엌, 화장실, 출입구 등을 갖춘 연면적 660㎡(200평) 이하, 4층 이하의 주택을 말한다. 2~19가구까지 건축할 수 있다.

다세대 주택

연면적 660m² 이하, 4층 이하로 2세대 이상 건축할 수 있으며 각 세대별로 방, 부엌, 화장실, 현관을 갖추어 각각 독립된 주거생활을 영위할 수 있고 각 세대별 구분 소유와 분양이 가능한 공동주택을 말한다.

담보가등기

'돈을 얼마 빌리고 언제까지 안 갚을 때는 내 소유의 주택을 주겠다'는 식의 대물변제(물건으로 갚는 것)의 예약을 하고 설정하는 경우의 가등기를 말한다. 약속대로 채무자가 돈을 갚지 않는 경우에는 그의 예약 완결권을 행사함으로써 발생하게 되는 장래의 소유권이전 청구권을 보전하기 위한 것이다.

당해세

당해 재산의 소유 그 자체에 담세력을 인정하여 부과하는 재산세를 말한다. 국세 : 상속세, 증여세와 재평가세. 지방세 : 취득세, 등록세, 재산세, 자동차세, 종합토지세, 도시계획세 및 공동시설세이다.

말소기준권리

등기가말소가 되는데 기준이 되는 권리표시를 말한다. 저당권, 근저당권, 압류, 가압류, 담보가등기, 경매신청등기 가운데 시간적으로 가장 앞선 권리를 말하는 것으로 소제와 인수의 기준이 된다. 따라서 말소기준권리 뒤에 오는 제반 권리는 배당 유무에 관계없이 모두 말소된다.

매각결정기일

매각을 한 법정에서 최고가매수신고인에 대하여 매각허가 여부를 결정하는 날로 매각법정에서 선고한 후 법원게시판에 공고만 할 뿐 매수인, 채권자, 채무자, 기타 이해관계인에게 개별적으로 통보하지 않는다.(매각기일로부터 통상 7일 이내) (구) 경락기일, 낙찰기일

매각기일

경매법원이 목적부동산에 대하여 실제 매각을 실행하는 날로 매각할 시각, 매각할 장소 등과 함께 매각기일 14일 이전에 법원게시판에 게시함과 동시에 일간신문에 공고할 수 있다. (구) 입찰기일

매각물건명세서

법원은 부동산의 표시, 부동산의 점유자와 점유의 권원, 점유할 수 있는 기간, 차임 또는 보증금에 관한 관계인의 진술, 등기된 부동산에 관한 권리 또는 가처분으로서 매각으로 효력을 잃지 아니하는 것, 매각에 따라 설정된 것으로 보게 되는 지상권의 개요 등을 기재한 매각물건명세서를 작성하고, 이를 매각기일의 1주일 전까지 법원에 비치하여 누구든지 볼 수 있도록 작성해 놓은 것이다. (구) 경매물건명세서

매각허가결정

매각허가결정이 선고된 후 1주일 내에 이해관계인이(매수인, 채무자, 소유자, 임차인, 근저당권자 등) 항고하지 않으면 매각허가결정이 확정된다. 그러면 매수인은 법원이 통지하는 대금지급기한내에 매각대금(매수보증금을 공제한 잔액)을 납부해야 한다. 대금지급기한은 통상 매각허가결정이 확정된 날로부터 1개월 이내로 지정한다. (구) 낙찰허가결정

배당

경매되는 부동산의 대금, 즉 경락대금으로 각 채권자를 만족시킬 수 없는 경우, 권리의 우선순위에 따라 매각대금을 나누어 주는 절차이며 법에 명시된 순서에 따라 배당받게 된다.

배당요구

강제집행에 있어서 압류채권자 이외의 채권자가 집행에 참가하여 변제를 받는 방법으로 민법, 상법, 기타 법률에 의하여 우선변제청구권이 있는 채권자, 집행력 있는 정본을 가진 채권자 및 경매개시결정의 기입 등기 후에 가압류를 한 채권자는 법원에 대하여 배당요구를 신청할 수 있다. 배당요구는 낙찰기일까지, 즉 낙찰허가결정 선고 시까지 할 수 있다. 따라서 임금채권, 주택임대차보증금반환청구권 등 우선변제권이 있는 채권자라 하더라도 낙찰기일까지 배당요구를 하지 않으면 낙찰대금으로부터 배당받을 수 없고, 그 후 배당을 받은 후순위자를 상대로 부당이득반환청구를 할 수도 없다. 민사집행법이 적용되는 2002년 7월 1일 이후에 접수된 경매사건의 배당요구는 배당요구의 종기일까지 해야 한다. 따라서 임금채권, 주택임대차보증금반환청구권 등 우선변제권이 있는 채권자라 하더라도 배당요구종기일까지 배당요구를 하지 않으면 매각대금으로부터 배당받을 수 없고, 그 후 배당을 받은 후순위자를 상대로

부당이득반환청구를 할 수도 없다.

배당요구 채권자
낙찰허가기일까지 집행력이 있는 정본에 의하여 배당요구를 한 채권자, 임차인으로서 확정일자에 의한 또는 소액임차인으로 배당요구를 한 임차인, 기타 권리를 주장하여 배당요구를 한 채권자를 말한다.

배당요구의 종기 결정
경매개시결정에 따른 압류의 효력이 생긴 때부터 1주일 내에 집행법원은 절차에 필요한 기간을 감안하여 배당요구할 수 있는 종기를 첫 매각기일 이전으로 정한다. 제3자에게 대항할 수 있는 물권 또는 채권을 등기부에 등재하지 아니한 채권자(임차인 등)는 반드시 배당요구의 종기일까지 배당요구를 해야 배당을 받을 수 있다. 법원은 특별히 필요하다고 인정하는 경우에는 배당요구의 종기를 연기할 수 있다.

배당절차
넓은 의미에서는 강제집행이나 파산절차에서 압류당한 재산이나 파산재단을 환가함으로써 얻은 금전을 배당요구신청을 한 각 채권자에게 안분하여 변제하기 위한 절차이다.

법원경매
채권자 혹은 담보권자가 채권회수를 하고자 할 때 채무자의 부동산 등을 법원에 경매 신청하여 그 대금으로 채권회수의 목적을 달성하려는 절차를 법원경매라고 한다.

사건번호
경매에 응찰하고자 하는 물건을 특정하는 것이다(부동산 경매사건의 부호는 '타경'이다).

상계
채권자가 동시에 매수인인 경우에 있을 수 있는, 매각대금의 특별한 지급방법이다. 현금을 납부하지 않고, 채권자가 받아야 할 채권액에서 납부해야 할 매각대금을 같은 금액만큼을 차감하는 것이다. 채권자는 매각대금을 상계 방식으로 지급하고 싶으면, 매각결정기일이 끝날 때까지 법원에 위와 같은 상계를 하겠음을 신고해야 하며, 배당기일에 매각대금에서 배당받아야 할 금액을 제외한 금액만을 납부하게 된다. 그러나 그 매수인(채권자)이 배당받을 금액에 대하여 다른 이해관계인으로부터 이의가 제기된 때는 매수인은 배당기일이 끝날 때까지 이에 해당하는 대금을 납부해야 한다.

선순위가등기
1순위 저당 또는 압류등기보다 앞서 있는 가등기는 압류 또는 저당권에 대항할 수 있으므로 경매 후 촉탁에 의하여 말소되지 않는다.

선순위가처분
1순위 저당 또는 압류등기보다 앞서 있는 가처분등기는 압류 또는 저당권에 대항할 수 있으므로 경매 후 촉탁에 의하여 말소되지 않는다.

아파트
5층 이상이고 구분소유가 된 공동주택

압류
확정판결, 기타 채무명의에 의해 강제집행(입찰)을 하기 위한 보전수단(압류후 경매 또는 환가절차로 이행)

양도소득
양도소득은 당해연도에 발생한 소득으로서 다음의 것을 말한다.
1. 토지 또는 건물의 양도로 인하여 발생하는 소득
2. 부동산에 관한 권리의 양도로 인하여 발생하는 소득
3. 한국증권거래소에 상장되지 않은 주식 또는 출자지분의 양도로 인해 발생하는 소득
4. 기타 자산의 양도로 인해 발생하는 소득

연립주택
주택으로 쓰이는 1개동의 연면적이 660m²를 초과하는 4층 이하의 공동주택을 말함.

예고등기

예비등기의 한 가지로써 이는 등기원의 무효 또는 취소로 인한 등기의 말소 또는 회복의 소가 제기된 경우에 이것을 제3자에게 경고하기 위하여 수소법원의 직권으로써 이를 등기소에 촉탁하여 행하게 하는 등기. 예납금경매를 신청하기 위해서는 신청채권자가 경매절차에 있어서 필요한 송달료, 감정료, 현황조사료, 신문공고료, 집행관수수료 등의 비용에 대한 대략의 계산액을 미리 예납해야 하는데 이 금액을 예납금이라고 한다.

재개발

기존 노후 불량주택을 철거한 후 그 대지 위에 새 주택을 건립하는 것을 말한다. 재건축을 위해서는 기존 주택 소유자 20인 이상이 재건축 조합을 건립해야 하고 조합이 재건축사업의 주체가 된다.

재경매

매수신고인이 생겨서 낙찰허가결정의 확정 후 집행법원이 지정한 대금지급기일에 낙찰인(차순위 매수신고인이 경락허가를 받은 경우를 포함한다)이 낙찰대금지급의무를 완전히 이행하지 아니하고 차순위매수신고인이 없는 경우에 법원이 직권으로 실시하는 경매이다.

저당권

채권자가 물건을 점유하지 않고 채무를 담보하기 위하여 등기부에 권리를 기재해 두었다가 채무를 변제하지 않았을 경우 그 부동산을 경매 처분하여 우선변제를 받을 수 있는 권리를 말한다.

전세권

전세금을 지급하고 타인의 부동산을 점유하여 그 부동산의 용도에 따라 사용 수익하는 것을 애용으로 하는 물건. 제3자에게 대항력이 있고 전세권 설정자의 동의 없이 양도, 임대, 전세를 할 수 없으며 전세금의 반환이 지체된 때는 전세권자에게 경매를 청구할 권리가 있다.

전세권자

전세계약을 하고 그 내용을 등기부에 등재한 물권의 일종으로 전세권이라 말하며, 통상 등기한 임대차를 말한다.

차순위매수신고인((구)차순위입찰신고인)

최고가 매수신고인 이외의 입찰자 중 최고가 매수신고액에서 보증금을 공제한 액수보다 높은 가격으로 응찰한 사람은 차순위 매수신고를 할 수 있다. 차순위 매수신고를 하게 되면 매수인은 매각대금을 납부하기 전까지는 보증금을 반환받지 못한다. 그 대신 최고가 매수신고인의 국한된 사유로 그에 대한 매각이 불허되거나 매각이 허가되더라도 그가 매각대금 지급의무를 이행하지 아니할 경우 다시 매각을 실시하지 않고 집행법원으로부터 매각 허부의 결정을 받을 수 있는 지위에 있는 자이다.

채권

민법상 인정되는 물권은 물권법정주의 원칙에 의해 8종의 권리가 있으며, 점유권, 소유권, 지상권, 지역권, 전세권, 유치권, 질권, 저당권이다. 채권은 채무자에 대하여 급부를 청구할 수 있는 청구권이다. 즉 채권은 채권자가 채무자에 대해서만 청구할 수 있는 대인권이고, 상대권이며, 청구권이다.

채권자

채권을 가진 사람으로 곧 채무자에게 재산상의 급부 등을 청구할 권리가 있는 사람을 말한다. 채무자가 임의로 그 행위를 이행하지 않을 때는 채권자는 법원에 소를 제기하여 현실적 이행을 강제할 수 있다.

채무불이행

채무자가 정당한 사유 없이 채무의 내용에 따른 이행이 없는 경우를 말한다. 이에는 이행지체, 이행불능, 불완전이행 등이 있다.

판결

민사소송법상 판결은 재판의 일종으로서 법원이 원칙적으로 변론을 경유하여, 법정의 방식을 구비한 서면(판결원본)을 작성하고, 이에 의하여 선고를 함으로써 성립한다.

표제부

토지 건물의 지번(주소), 지목, 면적, 용도 등이 적혀 있으며 집합건물의 경우는 표제부가 2장이다. 첫 번째 장은 건물의 전체 면적이, 두 번째 장에는 건물의 호수와 대지지분이 나와 있다.

필요비
민법상의 필요비는 부동산의 효용을 적정하게 유지하고 회복하는 데에 필요한 관리비, 수리비 등을 말하는데 부동산임대차 시에는 임대인이 지출하게 되어 있는 것이며 민법상의 유익비와는 다르다.

필지
하나의 지번이 붙는 토지의 등록단위를 말한다(법적 개념).

항고
법원의 결정에 의하여 손해를 받을 이해관계인, 허가결정에 대하여 이의가 있는 경락인(허가이유나 조건 등), 불허가결정에 대하여 이의가 있는 매수신고인(허가를 주장하는) 등이 항고를 제기할 수 있는데, 법원의 결정/명령에 대하여 불복하는 상소의 한 제도이다.

항고보증금
매각허가결정에 대하여 항고를 하고자 하는 모든 사람은 보증으로 매각대금의 10분의 1에 해당하는 금전 또는 법원이 인정한 유가증권을 공탁해야 한다. 이것이 항고보증금인데, 이를 제공하지 아니한 때는 원심법원이 항고장을 각하하게 된다. 채무자나 소유자가 한 항고가 기각된 때는 보증으로 제공한 금전이나 유가증권을 전액 몰수하여 배당할 금액에 포함하여 배당하게 된다. 그 이외의 사람이 제기한 항고가 기각된 때는 보증으로 제공된 금원의 범위 내에서, 항고를 한 날부터 항고기각결정이 확정된 날까지의 기간 동안의, 매각대금에 대한 연 25%에 해당하는 금액에 대하여는 돌려받을 수 없다.

현황조사보고서
법원은 경매개시결정을 한 후 지체 없이 집행관에게 부동산의 현상, 점유관계, 차임 또는 임대차 보증금의 수액 기타 현황에 관하여 조사할 것을 명하는데, 현황조사보고는 집행관이 그 조사내용을 집행법원에 보고하기 위하여 작성한 문서이다.

부록2

부동산 투자자로서 꼭 알아야 할 개념

01

앞으로 30년 간
부동산시장의 변화

주식투자를 하든 부동산 투자를 하든 혹은 다른 실물자산에 투자를 하든 모든 재테크의 기본은 '부가가치에 대한 이해'이다. 이 부가가치의 관점에서 앞으로의 30년간 부동산 시장을 조심히 예측해본다.

토지를 예로 들어보자. 토지는 제한적이기 때문에 더 이상 생겨날 수 없는 재화다. 이 토지를 활용해 얼마나 많은 부가가치를 창출하느냐가 곧 그 토지의 가격이 될 것이다. 인류의 가장 오래된 자산인 토지는 인간의 활동과 산업구조 변화와 항상 맞물려 상관관계를 가지고 가치가 변화해왔다. 과거 유목민에게 땅은 어떤 가치가 있었을까? 아마 짐승에게 풀을 뜯게 하는 것 이상의 가치를 부여할 수 없었을 것이다. 유목민에게 부가가치란 토지를 많이 가진 사람이 아니라 양이나 말의 수였을 것이다.

하지만 농경사회에서 토지의 가치를 보자. 이제는 토지를 통해 작물을 생산하게 되었다. 토지에서 얻은 곡물의 양이 부의 가치를 결정하는 한 가장 유용한 부가가치는 농사지을 땅이 되었다. 하지만 택지의 가치는 농토에 따른 거주지의 분산으로 상대적으로 평가가 절하된다.

그리고 시간이 지나 산업화가 진행되면서 부의 중심은 곡물이 아닌 공산품으로 이동했다. 이제부터 토지는 공장을 지어 얻을 수 있는 기회비용만큼만 가치를 가지게 된다. 조금 더 시간이 지나 공장 내 인력들의 거주를 위하여 공장을 중심으로 한 거주가 집단화되고 상업활동이 늘어나면서 도시가 형성되었다. 이때부터 생산시설인 공장이나 상업시설에 근접한 거주용 토지의 부가가치가 접근성에 따라 덩달아 상승하면서 상대적으로 농지의 가격은 하락하기 시작했다.

그리고 인구가 급격히 증가한 현대에 들어서는 생산시설을 중심으로 한 토지 가격보다는 거주의 집단화로 인한 주변 택지의 가치가 월등히 상승하게 되었고, 가족의 분화가 지속화되면서 택지의 수요는 급속도로 불어났다.

그렇다면 앞으로 부동산의 가격은 어떻게 변화될까? 인구구조는 앞으로 10년 안으로 독립세대의 급격한 감소를 가져오게 될 것이다. 주택보급률이 100% 초과된지는 오래고, 기존에 공급된 주택은 그대로 남게 되어 심각한 문제가 발생하게 될 것이다. 10년 안이 아니라 지금부터도 한 부모에게서 겨우 1.2~1.3명의 자녀가 독립하게 되고 한 해 결혼하는 세 쌍의 부부 중에서 최소 두 쌍이 각자의 부모에게서 집을 물려받게 될 것이다.

이 논리로 따지면 결혼한 부부 다섯 쌍 가운데 세 쌍은 2채의 집을 물려받게 되어 새로 집을 사지 않아도 오히려 한 채의 집을 처분해야 하는 상황이 온다는 것이다. 이러한 결과가 초래하는 풍경은 기존의 주택 가운데 절반은 슬럼화되거나 빈집으로 남게 되고, 새로 지어지는 주택은 20만호가 되든 30만호가 되든 간에 기존 주택은 빈집으로 남게 될 것이다.

더불어 인구가 고령화하여 생산시설을 운영할 청년층이 감소하게 될 것이 분명하기 때문에 우리가 북한과 통일이 되지 않는 한, 기존의 생산시설 역시 앞으로 더욱 감축되거나 인력이 풍부한 해외로 이전하게 될 것이다. 자, 그러면 어떤 그림이 그려지는가?

주택뿐만 아니라 공장부지의 수요마저도 급격히 위축될 것이고, 전체적인 부동산의 부가가치가 급락하게 될 것이다. 또한 기존 세대의 자산이 연금화되거나 기금화가 되어 금융자산이 증가하는 만큼 부동산 자산의 비중이 급속도로 줄어들게 될 가능성이 높다. 이는 4차 산업인 투자금융산업이 급팽창하는 결과를 초래하게 되지 않겠는가? 결국 산업의 속성상 다시 인력이나 토지 이용의 필요성을 감소시키는 악순환으로 이어지는 것이다. 지금 당장부터 우리나라가 맹렬히 출산율을 높인다고 하더라도 최소한 30년은 생산 인구의 감소와 노령인구 증가에 따른 부담과 갈증으로 인한 사회문제에 시달리게 될 것이다.

자, 이제 당신이 부동산 투자를 지금부터 시작한다는 전제하에 자본수익과 임대수익을 성공적으로 기대수익만큼 이루기 위해서는 어떻게 투자해야 할 것인가? 고민해 보아야 한다. 토지나 인력 등에 의존하는 기존의 시스템에 맞추어 가치를 지닌 포인트를 본능적으로 찾고 단순히 그러한 이유만으로 투자하게 된다면 그 결과가 참담해질 수도 있다는 것이다.

공인중개사의 경우 앞으로 상당히 축소될 것이며, 경매시장의 물량은 장기곡선을 그리라면 많아질 것이다. 경쟁자 수는 현재보다 적어질 것이고, 낙찰가는 현재보다 하향조정이 될 것이다. 사회·경제적으로 보았을 때 좋은 현상은 아니지만 이러한 상황에서도 경매투자를 잘하는 개인들은 지속적으로 경매제도로 수익을 얻을 수 있다.

02

아파트 값이 올라도
부자가 못 되는 이유

재미있는 이야기를 하나 들려주려 한다. 우리가 아파트 한 채를 사서 가격이 올랐을 시 그것이 수익이 아닐 수 있다. 그 이유는?

1억짜리 아파트가 주변에 1만 채가 있다고 가정한다. 그런데 주변의 10집이 아파트를 사고팔다가 1억짜리 아파트가 2억짜리 아파트가 되어버렸다. 그렇게 되면 9990집은 그냥 그 집에서 살았을 뿐이데, 연말이 되면 국세청에서 집값이 2배로 올랐으니 세금을 좀 더 내라고 이야기한다. 이후 또 10집이 사고팔다가 아파트가 3억이 되었다. 그러면 나머지 9980집의 사람들은 어깨가 으쓱해지고 마음도 싱숭생숭해진다.

'우리 아파트가 3억이 되었단 말이야?'

다음 날, 아침 출근길에 버스를 기다리다가 버스가 5분만 늦어도 바로 와이프에게 전화를 하게 된다.

남편 여보, 우리 차 한 대 뽑자!

아내 우리 연봉으로는 아직 차 살 때가 아닌데……

남편 연봉은 낮아도 아파트값 올라서 2억 벌었잖아. 2억 벌었는데 3000만 원짜리 차 한 대 사면 좀 어때?

이렇게 차를 한 대 샀다.

여러분은 이 소비에 대해 어떻게 생각하는가? 이 사람의 마음은 부자가 된 것처럼 마음이 들떠있다. 하지만 2억은 실제 돈이 아니고 장부상 숫자에 불과하다. 3000만 원을 지출한 것은 진짜 돈이고!

그렇다면 장부상의 돈은 어떤 것일까? 집값이 10배 오르든 100배 오르든 진짜 부자 되는 사람은 3%밖에 없다. 집을 2채 이상 가진 사람이다. 집을 2채 가진 사람은 올랐을 때 한 채를 팔아서 돈으로 바꿀 수 있다. 그런데 집이 한 채 있는 사람은 어떨까? 한 채를 가진 사람은 1억짜리 아파트가 100억이 되어도 그 집을 팔고 다른 곳으로 가려고 하면 또 100억을 줘야 하지 않은가? 1억짜리가 1000만 원으로 떨어져도 또 다른 집을 가면 1000만 원을 주고 살 수 있다(물론 지역마다 상승률과 하락률이 다르지만 이 개념은 꼭 알고 있는 것이 좋다).

사실 집값이 오르든 내리든 기분상 부자가 되었다가 가난하게 되었다가 바뀌는 것인데, 문제는 기분상 부자가 되었을 때 진짜 돈을 써버린다는 것이다. 그것은 바로 저축하고 아끼는 등 근로소득을 귀하게 모을 기회를 뺏겨버리는 것이라는 사실을 기억하길 바란다. 적어도 이 책의 독자라면 이 정도는 알고 실수를 하지 않아야 저자의 자존심도 산다.

03

다가구주택 투자 시
조심해야 할 함정

다가구주택은 주택으로 인정받아 취등록세도 아낄 수 있고, 한 건물 내 여러 세대가 있으므로 임대수익을 목적으로 한 투자로서 상당히 유용한 대상이다. 또한 내 땅 위에 내 건물이라는 점에서 건물이 감가상각되어도 토지의 가치가 있기 때문에 미래에 자본수익 면에서 손해 볼 일도 상대적으로 상당히 적다.

이런 좋은 투자대상에 큰 함정이 있다. 바로 대출문제이다. 다가구주택 건물을 일반 매매로 구입하는 사람의 경우는 중개업자를 통해 미리 담보대출이 가능한 범위에 대해 상담을 받기 때문에 실수 전에 알아차릴 수 있지만, 경매를 통해 값싸게 시세 대비 50~60% 금액으로 낙찰받을 수 있는 장점이 있는 이유는 바로 대출문제 때문이다. 많은 분들이 이것을 몰라 잔금을 납부하지 못하고 입찰 시에 법원에 제출한 최저매각가격의 10% 금액인 입찰보증금을 날리는 일을 수두룩하게 본다.

지금부터 피해야 할 함정인 경락잔금대출의 범위가 결정되는 논리를 설명해주겠다. 경매는 일반적으로 대출이 낙찰가의 80%가 나온다는 것은 부동산 투자 초보자들도 알고 있다. 현금투입이 적어지고 레버리지(지렛대효과/대출)를 많이 이용할 수 있기 때문에 경매의 손꼽히는 장점이기도 하다. 결국 현금 투입이 작으니 월 대출이자가 크게 높지만 않으면 임대수익률도 2배 이상으로 올라가게 된다. 하지만 이 상식이 바로 함정이다.

부동산에는 주택임대차보호법(상가의 경우는 상가임대차보호법에 적용된다)이라는 것이 있다. 주택임대차보호법 내에 바로 '소액임차인최우선변제'라는 제도를 통해 경매가 넘어갔을 시 해당 부동산 임차인의 보증금을 순위와 상관없이 최우선으로 지역별로 정해놓은 금액만큼 배당해주는 제도이다.

현재의 소액임차인 최우선변제금액 2014~	
서울특별시	3200만 원까지 최우선 배당
과밀억제권역	2700만 원까지 최우선 배당
광역시	2000만 원까지 최우선 배당
기타 지역	1500만 원까지 최우선 배당

임차인들을 위한 최우선변제제도가 있다면 은행입장에서 생각해보자.

서울특별시에 소재한 다가구주택을 5억에 낙찰받았고 그 건물 내에 15개의 호수가 있다. 정상적이라면 대출이 80%인 4억이 나와야 한다. 하지만 은행은 바보가 아니기 때문에 대출이 가능한 80%의 금액인 4억에서 미래에 자신보다 선순위로 배당을 받아갈 수 있는 권리자들을 제외하고 대출해줄 것이다. 그럼 15개의 호수로 계산해보자. 계산을 해보면 15개의 호수×3200만 원이면 얼마인가? 바로 4억 8000만 원이 된다. 대출가능금액 4억에서 4억 8000만 원을 뺄 수나 있는가? 결국 대출이 되지 않는다.

그럼에도 불구하고 대출이 가능한 방법이 있다. 제3금융권(캐

피탈 등)을 통하여 80~90%까지를 연 금리 7%대에 받을 수 있다. 하지만 '신탁등기 조건'이라는 점이 문제가 된다. 신탁등기를 하게 되면 소유권이 신탁회사에게 넘어가게 되고, 대출금을 갚기 전에는 소유권을 이전받을 수 없다. 결국 소유자의 권리로 임대를 줘서 임대수익으로 대출금 이자를 납부하고 남은 잉여로 임대수익을 유지해 나가야 한다는 뜻이다. 하지만 소유자가 아니니 소유권을 가진 신탁회사로부터 임대를 놓을 수 있는 권한을 받기가 여간 까다로운 것이 아니다. 이를 모르고 일반인들이 함정에 빠져 낙찰을 받고도 잔금납부를 하지 못한 채 입찰보증금을 날려 종잣돈만 손실시키는 경우가 허다하다. 경매를 통해 임대수익 목적의 다가구주택을 낙찰받고자 한다면 반드시 대출의 범위부터 꼼꼼히 체크해야 할 것이다.

04

NPL(부실채권) 뜬다고
아무나 돈 벌지 못해

요즘은 카카오톡을 통해 투자와 관련된 여러 이야기들을 나누
다 보니, 다양한 질문들이 쏟아진다. 그중 NPL(부실채권) 투자와
관련된 것이 많다.

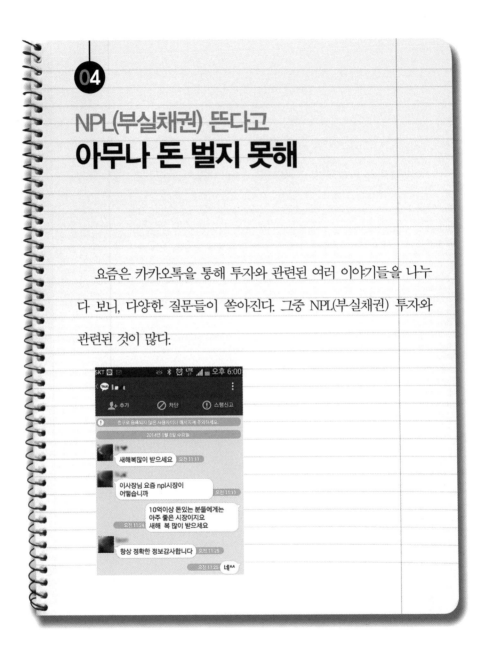

질문자는 요즘 'NPL시장'에 대해서 물었고, 나는 '10억 이상 돈 있는 분들께는 아주 좋은 시장'이라는 간단한 답변으로 마무리했다. 왜 그런 말을 했을까?

NPL이라는 부실채권 투자의 구조에 대해 알아보자. A라는 아파트가 시세 2억을 하고 있고 A아파트에 대해서 B금융권이 담보대출로 근저당권을 설정하면서 1억 5000만 원을 대출해주었다고 가정하자. 어느 날 갑자기 집주인이 대출이자를 납부하지 못하여 B금융권은 경매를 신청하게 되었다. 그런데 경매가 진행되기까지의 절차와 기간이 상당히 소요되고, 경매 매각과정에서 자꾸만 유찰이 되어 최저입찰가가 떨어진다면 낙찰가가 낮아 배당금으로 받는 금액이 빌려준 원금보다 작아 손실을 볼 수도 있다. 은행은 예대마진의 적절한 비율 유지도 중요하지만, 적절히 채권이 회수되어 돌아가야 유지가 되기 때문에 유동화전문회사 등에 이자는 뒤로 하고 채권을 원금금액에 팔아버리는 것이다. 이때 유동화전문회사와 같은 단체는 채권을 구입해 와 직접 입찰에 참여하여 낙찰받은 후, 채권금액만큼을 상계처리하여 잔금납부 후 수익을 거둘 수도 있지만 그전에 개인에게 채권을 파는 방법을 취한다.

이제 보도록 하자. 원금 금액에 B금융권으로부터 채권(근저당권)을 구입해 이전받은 유동화전문회사가 이익을 보는 선에서 마진을 붙여 개인에게 매각을 할 때 그 대상이 아파트라면 어떨까? 아파트와 같은 동종·유사의 여러 호수가 있는 물건은 과거의 경매낙찰 데이터가 있기 때문에 거의 정확하게 어느 선에서 낙찰이 되는지 알 수 있다. 그 말은 채권을 매입해놓은 채로 가만히 기다리다가 경매 매각절차를 통해 낙찰이 되어도 원금+은행이 받아야 할 이자수익까지 채권자로서 얼마 정도의 금액을 배당받아 이익을 취할 수 있는지 계산이 된다는 것이다. 그럼 유동화전문회사는 수익을 목적으로 하기 때문에 개인에게 팔고자 한다면 예상되는 낙찰가보다 더욱 높게 팔아야 기회비용면에서 더 수익을 올릴 수 있을 것이다.

이러한 현상이 발생하면 어떤 결과가 자주 발생을 할까? 과거에 한 지인께서 계양구 효성동에 위치한 현대아파트의 근저당권을

202

유동화전문회사로부터 채권을 매입하여 수익을 보고자 한다고 상담을 신청했다. 유동화전문회사에서 매각협의 금액은 2억 1000만 원이다. 그리고 낙찰가가 높다면 해당채권에 미납된 이자연체액까지 포함하여 최대 2억 2000만 원까지 배당받을 수 있다. 그럼 최소 수익을 보고자 한다면 1순위 채권이라고 하더라도 최우선변제 배당금액을 빼고 낙찰가 2억 4000만 원 정도는 되어야 내게 배당으로 마진이 떨어진다는 것이다. 그런데 과거 낙찰사례를 살펴보니 다음과 같았다.

2012-90834 (인천7)
용도　　아파트
감정가　260,000,000
최저가　182,000,000
낙찰가　205,580,000 (79.1%)
낙찰일　2013/04/04 (응찰 : 7명) / 진행 : 2 회 (유찰 : 1회)
총면적　토지:33.1㎡(10.01평) 건물:84.6㎡(25.59평)
인천 계양구 효성동 200-1 현대 401동 8층 803호 [새벌로112번길 12]

　　똑같은 평수와 비슷한 층과 향을 가진 401동 803호가 경매에서 7명이 응찰하여 2억 500만 원에 낙찰이 되었다. 그럼 결과는?

채권은 2억 1000만 원이었는데, 최우선변제채권이 있다면 배당금이 1억 8000만 원 정도밖에 되지 않는 것이다. 만약 채권을 구입했다면 이 사람은 약 3000만 원의 손해를 보았을 것이다. 이게 바로 NPL부실채권을 구입하여 수익을 보고자 하는 개인의 비애이거나 저주이다.

그렇다면 우리는 어떻게 NPL투자를 해야 할까?

1. 2금융권 또는 3금융권의 채권을 1:1 다이렉트로 채권을 매입해오는 루트를 만들어 유통과정 마진을 없앤다.

2. 10억대 이상의 근린상가, 근린주택, 토지 등으로 동종유사물건을 통해 정확한 예상낙찰가 산정이 조금 어려운 물건을 싸게 구입해와 마진을 남기는 방법이다.

왜 가능할까? 유동화전문회사뿐만 아니라 금융권에서도 정확한 예상낙찰가를 산정하기 어렵기 때문에 더욱 싸게 채권을 매입해올 수 있다. 이에 뒷받침되어야 하는 것은 매입해오고자 하는 채권의 부동산에 대해서 아주 철저하고 객관적인 분석을 굉장히 밀도 있게 해 낙찰가를 잘 산정해야 한다는 것이다. 이것은 실력에 달려 있다.

위 2가지의 방법이 아니고서는 NPL도 역시나 '세상에 공짜 없다', '만만한 것이 없네', '남는 것도 없어' 이러한 한탄밖에 나올 수 없을 것이다.

05

왜 금리에 대한 이해가
필요한가?

부동산 투자를 하고자 하면 금리에 대한 이해는 필수가 될 것이다. 부동산은 분명히 금융지식에 따라 좌우되며 수익성도 달라지기 마련이기 때문이다. 금리라는 것은 시간에 대한 기회비용이다. 조금 깊이 이야기하면 사회적 자산은 시간이 흐를수록 자연스레 증식이 되어 가는 것이고, 자산을 보유한 자는 그것을 이용해 자산을 더욱 늘려나가야 하기 때문에 역사적 발전의 측면에서 보았을 때 미덕이기도 하며 합목적적이다.

자산은 인류의 발전과 함께 지속적으로 확대되고 증식되어 왔다. 원시시대 때부터 현재의 이르기까지 상상해보길 바란다. 이렇게 인류의 자산은 끊임없이 증가하는 우상향 곡선을 그리게 되어 있다. 언젠가 인류의 자산이 더 이상 증가되지 않고 감소한다면 그것은 현생 인류의 내리막이 시작되는 순간이 될 것이다.

금리라는 것은 바로 이것을 매 순간 자산가치의 가능성으로 수치화해서 보여주는 잣대이며 시간을 사고파는 결과라고 보면 된다. 시간이란 곧 돈이다. 그렇기 때문에 우리가 실물자산을 보유하고 있다면 장기적으로 그 가치는 항상 증가하는 반면, 종잇조각인 화폐를 장롱 속에 보관하고 있다면 화폐가치는 이 실물자산의 가치 증가분만큼 하락하게 된다. 이것이 바로 인플레다. 과거에 100원을 주고 사먹을 수 있었던 아이스크림이 10년이 지나 현재는 700원을 주어야 사먹을 수 있는 논리다. 100원이라는 화폐의 가치가 하락했다는 뜻이다.

결국 우리는 사회주의를 찬양하는 마르크스주의자가 아닌 이상 자산을 잘 굴려야 하고, 또 그것을 잘 굴리는 것을 기본적으로 사회에 옳은 일이라고 생각해야 한다. 그런데 문제가 바로 이것이다. 자산을 무조건 굴린다고 해서 나에게 이익이 되는 것은 아니다. 실물자산 예를 들어 부동산을 지속적으로 보유하고 있다면 장기적으로는 그 평균 가치가 반드시 증가하기는 하지만, 막상 돈을 굴릴 때는 평균 이상으로 수익을 보거나 반대로 큰 손해도 볼 수 있다.

다시 말해 고평가되어 있는 물건을 구입하여 화폐로 교환할 때 평가가 저평가 되어 손해를 봐 재테크의 결과가 실패로 돌아갈 수 있다는 것이다. 때문에 자산을 가치의 평균 증가분 이상으로 좀 더 많이 혹은 더 빨리 불릴 안목과 능력을 갖춘 사람의 경우는 대출을 받아서라도 투자에 나서려고 하지만, 그만한 자신이 없는 사람의 경우는 그 돈을 능력 있는 사람에게 빌려줌으로써 최소한 평균 수준의 자산증식을 유지하기 위해 노력하게 된다. 바로 이것이 대부업이다.

돈이란 손에 쥐고 있으면 가치가 떨어지고 잘 활용을 하면 기하급수적으로 늘려나갈 수 있으며, 그 반대의 경우는 전부 잃을 수도 있다. 이것이 바로 돈의 매력이다. 이 이자율은 자본주의 사회에서 좀 더 빠른 수단을 제시하고 있다. 중세와 근대 사회주의의 발전이 더뎠던 가장 큰 이유는 바로 이 이자율을 경멸했기 때문이고, 자본주의의 발달은 곧 이자율이라는 수단을 경제성장의 중심으로 활용해 왔기 때문이라고 봐도 과언이 아니다.

부자는 이자율에 대한 기본적인 철학을 갖고 있다. 그래서 지금 부자가 아닌 사람들도 이자율을 중심으로 경제현상을 바라보려고 많이 노력해야 한다. 철학적으로 가난한 사람은 현재에 만족하지 못하고 돈을 벌기 위해 갈망하는 자이고, 부자란 돈을 더 벌려는 마음이 없으며 현재의 자산을 유지하고 관리하기 위해 애를 쓰는 자로 생각해 볼 수 있다. 이자율로 부자와 가난한 자를 생각해보면 부자란 '이자율을 기준으로 경제 현상을 바라보는 자'이며, 가난한 자는 '경제적 결정을 하는 순간에 이자율보다 더 중요한 고려사항이 있는 자'로 생각해도 별 무리가 없을 만큼 이자율에 대한 이해를 위해 많은 노력을 해야 할 것이다.

MEMO

에필로그

이 책은 특정 카테고리를 뽑아 포인트만을 짚어냈기 때문에 부족함이 있을 수 있다. 양해 바라며, 기술적인 내용을 더 자세히 알고 싶다면 저자의 과거 서적인《경매의 신》,《월세의 신》,《부동산의 신》,《경매신의 한수》서적을 차례대로 읽기를 권장한다. 마지막으로 저자의 우리옥션 회사 홈페이지에 1% 실전경매강의 풀버전을 통해 진정한 전문가의 길까지 갈 수 있음을 안내하며 이 책을 마무리한다.

부동산경매 절대법칙

초판 1쇄 | 2017년 8월 31일

지은이 | 이성용
펴낸이 | 이금석
기획 · 편집 | 박수진
디자인 | 김국회
마케팅 | 곽순식
물류지원 | 현란
펴낸곳 | 도서출판 무한
등록일 | 1993년 4월 2일
등록번호 | 제3-468호
주소 | 서울 마포구 서교동 469-19
전화 | 02)322-6144
팩스 | 02)325-6143
홈페이지 | www.muhan-book.co.kr
e-mail | muhanbook7@naver.com

가격 13,500원
ISBN 978-89-5601-357-2 (03320)